—故宫四记—

故宫文创记

—故宫四记—

故宫文创记

主　编　王亚民

副主编　杨晓波　刘松林　王月芳

河北大学出版社·保定

故　宫　出　版　社·北京

图书在版编目（CIP）数据

故宫文创记 / 王亚民主编．-- 保定 ：河北大学出版社，2018.12

ISBN 978-7-5666-1440-7

Ⅰ．①故… Ⅱ．①王… Ⅲ．①故宫博物院－文化产品－产品开发－概况－北京 Ⅳ．① G269.26

中国版本图书馆 CIP 数据核字 (2018) 第 275267 号

出 版 人：耿金龙

责任编辑：赵 谦 王殊宁

装帧设计：赵 谦

责任校对：田 阳

责任印制：靳云飞

出版发行：河北大学出版社

地址：河北省保定市七一东路2666号 邮编：071000

电话：0312-5073003 0312-5073029

网址：www.hbdxcbs.com

邮箱：hbdxcbs818@163.com

印 刷：保定市正大印刷有限公司

幅面尺寸：185 mm × 260 mm

字 数：150千字

印 张：12.25

版 次：2018年12月第1版

2018年12月第1次印刷

书 号：ISBN 978-7-5666-1440-7

定 价：126.00 元

序 言

我的这篇序，要从故宫出版的一本书谈起。故宫的这本书现在可不得了，它堪称书界文化创意的典范，突破了传统意义上的书的概念，经过创新加工，赋予了图书新内容。这本书名曰《谜宫·如意琳琅图籍》，是以中国传统古籍的承载形式，讲述故宫的历史故事，破解纯正的中国文化元素谜题。这本书突破了传统纸质书的阅读方式，将故宫馆藏的许多珍贵资源融入其中，将历史文化知识与游戏融为一体，实现了传统出版物与多媒体技术的完美结合。

《谜宫·如意琳琅图籍》是故宫文化创意在出版方面的一次创新尝试，自 2018 年 10 月 24 日故宫官微首次发声以来，已经累计转发 15745 次，评论 5035 条，收获 21719 次点赞，阅读量超过 2000 万次；11 月 3 日《人民日报》官微发布了项目视频，累计转发 60170 次，评论 14497 条，收获点赞 17856 次，阅读量同样超过了 2000 万次。这样的热度在摩点众筹上也得到了充分的体现：截至 11 月下旬，预售已经超过了 7 万册，众筹金额突破 1800 万元，这已经打破了全球出版众筹的纪录。《谜宫·如意琳琅图籍》的宣传稿件，不仅阅读量、转发量、点击量均创新高，而且读者留言除了询问书籍何时上市、在哪里可以买到等问题外，大多是对故宫在传统文化创新和创意方面的表扬与肯定。

这些年，故宫的文创就像这本书一样为世人关注，不断收获好口碑，拥有了越来越多的粉丝，故宫文创产品成为人们“文化馈赠”礼物的首选。

故宫，在中国老百姓心目中有着独特的地位，因为它是曾经的紫禁城，是明清两代近 500 年的皇宫，笼罩着一层神秘色彩，所以许多中国老百姓都惦记着有朝一日到曾经的皇宫转一转，看看金銮宝殿是怎样的宏伟，看看皇帝住在哪里，是不是很奢华气派。……其实，故宫的珍贵又何止于此，作为曾经的皇宫，它更是中华民族 5000 年文明的象征，是世界了解中国的一扇窗口，是闻名全球的世界文化遗产。

故宫作为最正宗、最浓厚“中国风”的代表，应该在中国优秀传统文化创造性发展、创新性转化方面有所作为、有所建树。单霁翔院长十分重视故宫的文创工作，他说：“故宫的文创要与人民群众的需求相结合，要与专家学者的研究成果相结合，要与文物藏品的历史信息与艺术信息相结合，要与优秀的设计团队和加工企业相结合。通过‘四结合’，研发出品质优良的、具有故宫元素的产品，让公众把故宫文化带回家。”近些年来，故宫从事文创的同仁，在文化创意领域里做出了应有的努力和探索。我们的设计团队，也在利用自身的优势，不断地挖掘丰富的明清皇家文化元素，从宏伟的建筑、深厚的文化、186 万余件（套）精美的文物以及丰富多彩的文化事件和鲜活的人物故事中，找到符合当代人，尤其是年轻人喜欢的时尚表达的载体，以此研发出具有故宫文化内涵、符合时代精神、贴近大众、深受老百姓欢迎的文创产品。这些年，通过大家卓有成效的努力，故宫的文创产品数量多达 10500 余种，大多产品体现了三个特性，即元素性、创新性和故事性，逐步形成了独特而又多样的风格，可以满足不同阶层、不同姓别、不同年龄人的需求。

在我看来，虽然故宫的文创已经取得了可喜的成绩，得到了社会的认可，但我们不能满足于此、止步于此，因为这只是文创的初级阶段，还处于单个产品或者局部系列产品的研发、生产和销售阶段。诚然，在这个阶段研发了很多精彩异常的文创产品，但只是“量”的叠加，尚待“质”的飞跃，从而在人们的文化生活中发挥更大的影响。况且，在这个初级阶段，产品同质化的现象极为严重，你做手机壳，我也做手机壳；你做笔记本，我也做笔记本；你做钥匙扣，我也做钥匙扣。只不过产品上的图案不同罢了。这种现象，不仅中国的博物馆界如此，许多国家的博物馆也如此。这种现象如果任其发展，文创的前途是暗淡无光的。所以，文创要想有光明的前景，就必须进行升级，必须由文创的初级阶段上升到做文化、做品牌，也就是文创的品牌化阶段。

文创的品牌化，说起来容易，做起来却很难。不过我们现在已经起步，已经有了新的进展。我们有的团队，在文创的认识上有了质的飞跃，他们意识到，文创不仅仅是一件件产品对文化语言的精美传达，也不是设计师个人情趣的审美物化，文创应该关心社会，关注人民群众。那么，什么是人民群众最关心的事情？其实，中国在历史上是以农耕文明为主体的农业社会，在数千年的文明发展史中，中国人最为关心的有四件事，所谓人生“四大喜”，即，久旱逢甘霖；他乡遇故知；洞房花烛夜；金榜题名时。

久旱逢甘霖，是说春天的时候，每天红日当头，老百姓的庄稼地都干裂了，这时多么企盼一场春雨的来临，风调雨顺，五谷丰登。久旱甘霖，解决的是人的温饱问题，这一问题现在已经得到很好的解决。

他乡遇故知，是说在异国他乡遇到同乡、遇到朋友，触起思念故乡之情，用当代的语言表达，这是个把文化根脉留住的问题。如何才能把文化根脉留住？“独在异乡为异客，每逢佳节倍思亲”，“佳节”是文化传续的重要方式，我们的文创要善于通过年节这样的“节点”，重新焕发传统节日的魅力。

洞房花烛夜，是人一生中最重要的时刻——结婚。能否抓住结婚这件关涉人生幸福的大事，也是文创需要解决的重要课题。

金榜题名时——结婚生子固然是人生大事，生子以后的子女教育同样不可忽视，那么我们的文创也应面对这一问题。

时至今日，以上所言人生“四大喜”，依然是社会大众深为关切的问题。

故宫的文创团队在做好单向文创产品的同时，更加关注与老百姓关系最密切的过节、结婚、读书等话题，充分利用了故宫这个大 IP，深入挖掘故宫典籍、文物中所蕴含的过节、结婚、读书的文化信息，从细节之处入手，植入时尚新颖的当代文化空间中，例如通过《故宫中国节》《宫囍 · 龙凤呈祥》《金榜题名》三个 IP，让优秀传统文化与时代审美相结合，通过实实在在的、让人们看得见摸得着的文化空间，实现了让公众“把故宫文化带回家”。

所以，搞好故宫文创的关键，一言以蔽之：能否把故宫的文化资源适时地转化为人民大众喜闻乐见的文化产品。这是决定性的，也是故宫在今后一段时期内需要反复思考、探索的问题。答案是什么？我们一同去寻找。或许，这就是文化创意最大的魅力所在吧！

王亚民

2018 年 11 月 19 日

目 录

第一章

概 述

紫禁城是明清两代的皇宫，是世界上规模最大、保存最完整的木结构宫殿建筑群。以紫禁城为基础成立的故宫博物院，是全国首批重点文物保护单位，也是我国最早被列入《世界文化遗产名录》的综合性国家级博物馆。它具有悠久的历史和丰富的文化内涵，在公众的心目中具有重要的地位，崇高而神圣。故宫博物院是一部浓缩的中华文明的发展史，是全人类共同的物质和精神财富。

故宫博物院一直致力于收藏、保护和展示与宫廷文化相关的文物藏品，致力于研究明清宫廷历史。故宫博物院院藏文物具有文物级别高、类别多、时代跨度长、品质精良、价值突出等特点，其中相当数量的珍贵文物藏品堪称国宝。截至 2016 年 12 月 31 日，故宫博物院拥有藏品 1 862 690 件，其中珍贵文物达 1 683 336 件，是世界上中国文物藏品和文化资源最丰富的博物馆，是中华民族的骄傲所在，也是中国社会文明进步的象征。

故宫博物院的文化身份极为特殊，它既是全国重点文物保护单位和著名的世界文化遗产，也是当今世界上参观人数最多的博物馆，每年接待来自世界各地超过 1600 万名观众。不断增加的客流，考验着故宫博物院的安全与服务工作，同时也为推动故宫文创产品研发与销售创造了优势和条件。

习近平总书记在第十八届中央政治局第十三次集体学习时强调："博大精深的中华优秀传统文化是我们在世界文化激荡中站稳脚跟的根基。中华文化源

远流长，积淀着中华民族最深层的精神追求，代表着中华民族独特的精神标识，为中华民族生生不息、发展壮大提供了丰厚滋养。”在第二十九次集体学习时强调，对祖国悠久历史、深厚文化的理解和接受，是人们爱国主义情感培育和发展的重要条件。中华优秀传统文化是中华民族的精神命脉。要努力从中华民族世世代代形成和积累的优秀传统文化中汲取营养和智慧，延续文化基因，萃取思想精华，展现精神魅力。党的十九大报告指出，要坚持文化创造性转化和创新性发展，要客观、科学、礼敬地对待中华优秀传统文化，结合新的时代条件和实践要求对其内涵和表现形式加以补充、拓展、完善，赋予其新的时代内涵和现代化表达形式，充分展现中华文化独特魅力和时代价值，增强中华文化的影响力和吸引力。从传统文化中获取灵感和内容，以当代人的智慧对其进行发掘和利用，实现创造性转化和创新性发展，这是每个文化单位和每位文化工作者的当代使命。多年以来，特别是党的十八大和十九大以来，故宫博物院正是以这样的使命要求自己，创新实践。

随着社会经济的发展和人们文化水平的普遍提升，公众对博物馆文创产品的需求也在日益增长。故宫博物院近年来在履行好博物馆公益职能的同时，为更好地满足公众多元的文化消费需求，逐步加大了对文创事业的投入力度。故宫博物院成立了专门负责文创工作的职能部门——经营管理处，另有北京故宫文化服务中心和北京故宫文化传播有限

公司两个院属企业，职能部门与院属企业之间团结协作，优势互补，共同推进文创产品研发和推广工作。

推动文创事业发展，首先就要做好文创产品的研发工作，不断提升文创产品的研发水平。这就需要博物馆主动去了解社会上不同消费者的审美观念和文化需求，时刻把为观众提供优质的服务作为出发点，并努力将自身丰富的文物藏品资源转变为文化创意来源。故宫博物院正是基于以上思路，在研发文创产品时特别注重突出产品的故宫元素，树立精品意识，加强品牌建设，使慕名而来的观众通过购买故宫文创产品，真正将故宫文化带回家。

随着全国文博事业的蓬勃发展，在党中央、国务院以及文化主管部门的高度重视下，故宫博物院的文创事业逐步走出了独特的发展道路，取得了喜人的成绩，为未来发展奠定了坚实基础。本着深入研究文物藏品的内涵和价值的原则，故宫博物院持续加大文创产品的研发力度，在突出故宫文化特色的同时，还注重增加文创产品的文化内涵和科技含量，以打造故宫文创精品为宗旨，研发出了更多数量、更高品质、更受观众欢迎的文创产品，使这些产品达到历史性与时代性、思想性与观赏性、科学性与艺术性、学术性与趣味性、知识性与通俗性的完美结合，使更多的观众能够真正“把故宫文化带回家”。故宫博物院作为世界文化遗产、中国优秀传统文化和中国博物馆形象最重要的代表之一，在传承和弘扬中华民族优秀传统文化上

发挥着难以估量的重要作用。文创产品研发是博物馆延伸文化传播功能、发挥综合社会效益的重要工作内容，故宫博物院应该利用好所拥有的深厚的文化资源及文物藏品资源，不断探索文创产品研发工作的新模式、新途径，吸引更多的社会力量参与其中。博物馆要走出以往文创产品只能满足少数观众的需求和喜爱的困境，就必须贴近生活实际、走进人民生活，真正做到满足广大人民群众多元的物质和精神文化需求。为了通过文创产品传播故宫文化，让观众“把故宫文化带回家”，更好地为观众提供服务，实现博物馆宣传教育的职能，故宫博物院近年来还不断改善经营服务环境和增加销售手段，为文创产品创造更好的销售环境，综合提升文创产品的质量和品位，使观众真正可以“看得上”“买得起”“带得走”“用得着”“学得到”，让故宫文化走出紫禁城，走进千家万户，感染更多普通民众的心灵。

第二章

故宫博物院
文创工作主要部门的
设立及其职责

故宫博物院从事文创工作的主要部门为经营管理处、北京故宫文化服务中心和北京故宫文化传播公司。经营管理处为统筹协调全院文创工作的职能部门。北京故宫文化服务中心对内称“文创事业部”，是故宫博物院的直属企业。北京故宫文化传播公司为院属企业故宫出版社的下属企业。

第一节　文创事业部（北京故宫文化服务中心）

新中国成立后，原在故宫博物院内部营业的私人餐饮网点全部停办。为了满足观众需求，1952 年 12 月 24 日，故宫博物院成立服务部，恢复、补充营业网点，提供餐饮等服务。12 月 30 日取得工商营业执照。1954 年 3 月 5 日，故宫博物院调整内部机构，服务部改为服务社，隶属群工部管理。1966 年 5 月“文化大革命”开始后，故宫博物院除奉先殿开设的《收租院》展览外，停止对外开放，服务社的工作陷于停滞。

1971 年 7 月，按照北京市有关文件要求，市区内各景点商店统一归北京市第二商业局公园管理处管理，故宫服务社行政关系因此划归北京市二商局管理，党团组织关系仍归故宫博物院群工部管理。1979 年，北京市革命委员会对二商局和园林局有关职能进行调整，故宫博物院收回服务社的管理权。服务社下设食品组、工艺品组和照相组。“文化大革命”结束后，国门逐渐打开，参观故宫的外国游客日益增多。为满足外宾参观时购买饮食和特色纪念品的需求，1978 年 7 月 5 日，经国家文物事业管理局同意，故宫博物院成立外宾服务部，任命赵雄图为外宾服务部主任。为满足外宾换汇需求，经中国银行国外局同意，外宾服务部成立外币兑换处，提供外币兑换服务。

1979 年 7 月，为整合资源、加强管理、优化服务，故宫博物院党委决定将故宫服务社和外宾服务部合并，成立服务部，实行内部单独核算。

1984 年 12 月，为进一步有效整合故宫商业和服务业资源，提升服务的效率和质量，故宫博物院决定将服务部和劳动服务公司合并，组建故宫服务公司。服务公司下设秘书、管理科、财务组、业务科和复制厂。1985年底，为区别于社会上的各种公司，院党委会议决定，将故宫服务公司改为服务部。服务部下设秘书、管理科、会计科、业务科和东复制厂。1986年东复制厂改归故宫博物院直接管理。1987年3月，为充实一线力量，撤销了管理科，增设食品门市部、售品门市部、外服门市部、照相门市部和业务组。1994年11月，为适应经济社会发展的新形势和新要求，故宫博物院决定将经营开发管理处和服务部合并，成立经营开发管理处。1995年2月，根据国家工商管理相关规定，更名为故宫博物院经营开发部。1998年11月，为优化管理、细化责任，故宫博物院决定将经营开发部改组为经营管理处，对外称北京故宫文化服务中心。2004年，因业务拓展需要，故宫文化服务中心投资设立北京故宫文化产品开发有限公司，主要负责贵金属业务，同时成立北京宫廷文化发展有限公司和北京紫禁城天地文化发展有限公司。

2005年2月16日，为适应经营管理工作发展的需要，故宫博物院院务会决定将经营管理处的经营和管理两大职能进行分离，成立新的经营管理处和文化服务中心，并进一步明确了部门职责。文化服务中心是隶属于故宫博物院的经营实体，实行企业化管理，具有独立法人资格，对外仍采用全称“北京故宫文化服务中心”，下设业务科、财务科、开发协调科和市场管理服务科。2014年，重新调整科室结构，分别设立综合管理科、开发设计科、业务科、销售科、财务科、市场管理一科、市场管理二科、后勤保障科、事业发展科和北京故宫文化产品开发有限公司。

2015年，为了加强对在院合作经营单位的管理，开始实行驻店经理制度，派出驻店经理进驻在院合作经营单位店面，作为沟通中心与合作单位店面的桥梁，从业人员的工作证、健康证，商品的审批上报上架，均由驻店经理协调办理，以达到监督管理在院合作经营单位的日常经营的目的，切实保证合作单位的各项活动符合故宫博物院的规章制度。拟定了《文化服务中心合作经营单位市场管理处罚条例》。该条例较为详细地规定了违规行为的类型和相应的处罚，为院内合作经营单位的监督管理提供了依据，有效地规范了市场运营行为，为维护良好的市场环境和经营秩序提供了保证。起草了《文化服务中心合作经营单位市场管理奖励条例》，从奖励范围、奖励项目、奖励方式、获奖程序等几个方面激发在院合作经营单位及员工的主人翁责任感，发挥各合作经营单位主观能动性，提高其自我管理水平和能力。同年，拟定了合作单位合同分级制度，根据研发能力、产品质量、合作年限等衡量标准将各合作单位分为三个级别，分别签订一级、二级、三级代销合同。文创产品研发能力强、产品质量优异的单位，中心与之签订一级合同，在政策上给予一定的优惠；合作时间长，产品质量及销量均保持优异的单位，与之签订二级合同；新的合作单位，与之签订三级合同。每个合同周期，在产品研发、销量、管理、服务等方面对各单位进行整体评估，调整合同级别，以鼓励合作单位不断提高自身的研发能力。

2016 年，成立旅游服务公关科、网络销售管理科、冰窖管理服务科。为了有效管理文创类产品，成立故宫文创产品质量监督控制中心，起到了一定的产品质量监督管理作用，保护了消费者的合法权益，树立了故宫博物院的良好形象。同年，文化服务中心与北京市文化投资发展集团有限责任公司合作成立了北京故宫文化创意产业有限公司，致力于参加北京市主办的大型文化类产业活动及开展以故宫文化、故宫元素为核心的文化创意衍生产品的开发、推广、销售等活动，并获得了北京冬奥会特许经营权；与北京观唐文化艺术股份有限公司合作成立北京故宫观唐文化发展有限公司。故宫博物院还刊印了《市场管理手册》等，不断规范日常工作，使各项工作有程序地进行，将各科室的职能、权责也进一步明确，提高了工作效率。

2017 年，为进一步完善部门管理制度、规范工作流程，制定了文化服务中心《文创产品授权准入标准》《故宫防伪卡申请流程》《故宫授权商品报批制度》和《线上产品入库质检流程》，对所有产品实行“双检”，以保证相关文创产品的质量及市场上较高的接受度。2017 年 6 月，为优化管理，更好地适应和促进文创事业的发展，故宫博物院决定在文化服务中心的基础上成立文创事业部，部门领导班子仍由文化服务中心领导班子担任。

第二节　经营管理处

2005 年，原经营管理处的经营和管理两大职能分离后，新组建经营管理处负责全院经营创收活动的管理、协调、监督和服务。经营管理处是故宫博物院内设职能部门，下设两个科室，其中，产业发展科负责文创产品研发、对外宣传推广、无形资产和品牌合作项目的管理，资产管理科负责合作经营单位的管理和日常经营活动的监管。

经营管理处成立之后，主要做了以下工作。

先后对院内有关部（处）和部分经营、合作单位进行实地调研，了解了院内有关部门经营收入情况，有关人事、财政政策和院内经营合同审批程序，院影像资料使用、利用的具体情况，关于“故宫监制程序”和“故宫监制章”的管理办法，对外投资（合作）、自营、合作经营情况，产品研发情况等；探讨了资料、版权的保护和合理开发利用等问题以及如何进一步完善《故宫文化产品专造、监制管理办法》；通过院办公室向全院各部（处）发放《故宫博物院各部门经营状况调查表》，对全院经营状况进行调查，了解了全院 29 个部（处）中，10 个参与经营活动部门的基本情况；召开座谈会，认真听取合作伙伴对故宫博物院经营管理工作的意见和建议。

赴全国博物馆调研，积极开展行业

交流。先后赴英国、美国、法国、俄罗斯、中国香港和中国澳门等地，学习当地各大博物馆的先进经验。在上述调研的基础上，形成了《关于经营活动开展情况的调研报告》，为制定符合故宫博物院发展需要、符合实际情况的经营发展战略规划和经营管理办法提供了科学的依据。

积极参与国内外各项文化活动、文博展会等。先后参加了中国－东盟文化产业论坛、海峡两岸文博创意产品精品展、苏州文化创意设计产业交易博览会、中国（义乌）国际文化产品交易会、博物馆及相关产品与技术博览会、中国西藏旅游文化国际博览会、中国（杭州）文化创意产业博览会、第三届中国非物质文化遗产传统技艺大展、国际文物保护装备博览会、青岛国际文创产品博览周、中国（宁波）特色文化产业博览会、中国（深圳）国际文化产业博览交易会、香港国际授权展、美国国际品牌授权博览会、德国法兰克福国际纸制品及办公用品世界展览会、意大利威尼斯艺术双年展中国官方主题平行展等。

根据《故宫博物院2003—2020年发展总体规划纲要》，结合故宫博物院文化产业发展的特点，先后起草了《故宫博物院文化产品专造、监制管理办法》《故宫无形资产管理办法》《故宫博物院经营管理办法》《故宫博物院经营性国有资产管理办法》《故宫博物院无形资产管理办法》《故宫博物院商标管理办法》《故宫博物院经营准入管理办法》《故

宫博物院商品采购管理办法》《故宫博物院商品准入管理办法》等规章制度。

第三节　北京故宫文化传播有限公司

故宫博物院所属故宫出版社于2008年出资成立的北京故宫文化传播有限公司是在国家工商总局注册的独立企业法人。北京故宫文化传播有限公司以“传播故宫文化，发展创意产业”为己任，依托故宫博物院优秀的专家团队力量以及丰富、珍贵的文物藏品资源，致力于高端文创产品的研发、生产与销售，并通过文化培训、文化空间经营等形式实现故宫文化的当代传播与社会性融合；建设并运营了“天府永藏”“紫禁艺品”和“紫禁书院”三大品牌，“天府永藏”“紫禁艺品”为文创产品品牌，“紫禁书院”为文化空间品牌。

北京故宫文化传播有限公司产品的设计与研发以“推广故宫文化，传递紫禁城生活美学”为宗旨，打造博物馆风格文创产品，研发最优质产品，树立了以自主研发、合作研发相结合的产品研发立体架构，扩大了产品多样性，丰富了产品结构，研发数量和速度逐年提高。文创产品以高仿书画、宫廷陶瓷、天子童年、创意生活、故宫笔记、紫禁服饰、家居陈设为主，产品涵盖书签、钥匙扣、纸品、餐具、茶具、文具、文房、陶瓷、玉器、铜器、首饰等类别。

第三章

知识产权保护与利用

故宫博物院注册了“故宫”、“紫禁城”、“紫禁城”图形、“紫禁城”图形及英文、图形“御膳房”、“故宫贡茶”和“宫”等7枚商标，其中“故宫”“紫禁城”为国际/港澳台注册商标，先后在欧盟、马德里、中国香港、中国澳门、新西兰、印度进行了注册。

第一节 国内商标注册

一、1996年至1998年期间，故宫博物院先后向国家工商行政管理总局商标局申请注册了“故宫”“紫禁城”等15类服务商标，1997年至2000年陆续获批并颁发证书。2004年10月10日，向国家工商行政管理总局商标局提出《实施品牌战略，争创中国文物博物馆行业驰名商标——关于认定“故宫”“紫禁城”为驰名商标的申请》。2006年6月，国家工商行政管理总局商标局认定“故宫”“紫禁城”为驰名商标。2006年10月10日故宫博物院召开了“故宫”“紫禁城”驰名商标新闻发布会，借助新闻媒体的宣传报道不断加强商标的宣传和保护力度。驰名商标的认定，有助于加强故宫博物院知识产权的保护工作和文化产业的进一步深化发展，同时也有助于实现多元化的世界级博物馆的发展目标。

2007年2月28日，故宫博物院对“故宫”“紫禁城”商标等共计11类进行续注，并对剩余79类进行注册申请。2007年，为规范驰名商标的使用，起草了《故宫博物院商标管理办法》。

2010年1月至7月，故宫博物院对“故宫”“紫禁城”商标全部商标类别（45类）进行了续注。2011年，故宫博物院规范对商标的使用，将“故宫”“紫禁城”商标的使用进行了区分，把“故宫”商标的使用定位在中低端文化产品上，把“紫禁城”商标的使用定位在高端文化产品上。

二、2008年，故宫注册了“御膳房”商标，获得该商标第21、29、30、32、33、43类商标专用权。为了满足对于“御膳房”商标的使用需求，同时进一步加强无形资产的保护，防止出现其他企业抢占商标的行为，2017年10月，故宫博物院向国家工商行政管理总局商标局提出申请，对未注册过的“御膳房”商标第5、8类进行注册，对已经注册过部分子项的21、29、30、32类进行重新注册及补充注册。

三、故宫博物院自2008年6月21日至2010年7月21日对“宫”字商标共38类进行了国内商标注册工作。2014年12月和2015年2月，分别对“宫”字商标的第29类和第34类进行了补充注册。

四、2011年5月11日，故宫博物院为配合出版工作需要，对“故宫贡茶”商标第16、21、26、30、35、43类（共6类）进行了注册。2015年，故宫博物院授权北京故宫文化传播有限公司使用“故宫贡茶”商标，授权期限5年。

五、2014年，为了配合“紫禁城杯”文化产品创意设计大赛的宣传推广活动，加强对故宫博物院无形资产的保护，故宫博物院对大赛的“紫禁城”图形和“紫禁城”图形及英文进行了国内全类别商标注册。

六、故宫出版社下属北京故宫文化传播有限公司注册了“天府永藏”“紫禁艺品”和“紫禁书院”等3个商标。

“天府永藏”商标应用于收藏类文创产品系列，甄选故宫博物院藏品中艺术价值、文化价值、文物价值较高的文物进行研发，再现其形貌、精髓、神韵，同时着意创新，既体现皇家用品珍稀、富贵、风雅、吉祥等特质，又符合当代人鉴藏的意趣。

“紫禁艺品”为北京故宫文化传播有限公司在传承故宫文化的基础上推出的设计品牌。“紫禁艺品”产品系列经与国内外著名设计师强强联合，充分挖掘皇家藏品所蕴含的传统文化元素，将传统文化基因与当代潮流融合，打造了集古典韵味与现代审美于一体的精致品牌。“紫禁艺品”致力于弘扬中国传统精湛工艺，通过传承与创新，使得代代相传的手工技艺重返当代生活。同时，品牌强调与现代人共同分享传统文化的灵感、情感与韵味，充分保持时代风尚，提升当代生活的品位与品质。

“紫禁书院”商标主要应用于紫禁书院文化空间及相关品牌建设。紫禁书院文化空间由紫禁书院旗舰店和各地紫禁书院组成。紫禁书院旗舰店位于故宫博物院内东长房的故宫文化创意馆内，面积约500平方米。另在广东深圳、江西景德镇、安徽蚌埠、广东珠海等地开设了分院，作为故宫文化走出紫禁城的一种尝试。

第二节 国际／港澳台商标注册

2009年4月22日，故宫博物院对“故宫”“紫禁城”两驰名商标第35、39、43类同时进行了欧盟和马德里国际注册。2010年8月起，故宫博物院对“故宫”商标第6、14、16、19、20、21、28、35、39、43类（共10类），“紫禁城”商标第6、16、19、21、28、35、39（共7类）在中国香港地区进行了注册，对“故宫”“紫禁城”商标第6、14、16、19、20、21、28、35、39、43类（各10类）在中国澳门地区进行了注册。2013年8月，进行了“故宫”“紫禁城”商标在新西兰和印度的注册。2018年，对在中国香港地区注册的商标进行了续展。

第三节 商标监测与维权

由于故宫博物院的知名度及品牌形象，一些企业及个人恶意仿冒故宫博物院商标，利用近似商标“搭便车”现象时有发生。2011年起，故宫博物院委托知识产权公司进行商标监测及维权，根据初审商标公告的监测结果，对其中58件商标进行了异议维权。胜诉案件18件，另有27件65案件也在审理，胜诉率约82%。通过商标监测和异议维权，故宫博物院商标权益得到了较好的维护，同时对保护及推广故宫博物院品牌起到了积极的促进作用。2018年起，故宫博物院将电商平台纳入商标监测范围，对“淘宝／天猫”“亚马逊”“京东”等三家电商平台的侵权商标及产品进行监测，对于违法使用故宫博物院商标、标注故宫博物院名称及未经授权擅自销售故宫博物院文创产品的商家发送律师函，通过电商平台维权系统进行投诉，要求其关闭或撤销违法经营的店铺，以维护故宫博物院的合法权益。

第四节　知识产权授权

一、瓷器监制项目

2007年，故宫博物院与景德镇法蓝瓷实业有限公司签署了福海腾达系列瓷器项目的监制合同。该项目产品由景德镇法蓝瓷实业有限公司设计，故宫博物院监制。该系列瓷器采用龙袍上的图腾图案设计出的系列餐具。伯荷纳多、巴卡哈、克希多夫三个法国厂家分别负责制作该项目的瓷器、水晶玻璃杯、银器和木制筷子。产品再现了皇家风范，为故宫博物院文化产业的发展创立了国际合作的新典范。产品共监制生产200套，并于2006年12月19日在建福宫举行了新闻发布会。

2015年8月15日，北京鑫龙国珍文化艺术发展有限公司申请根据故宫博物院藏粉彩胭脂红地轧道花卉纹梅瓶、黄地瓷胎洋彩锦上添花镂空干支字象耳转心瓶、斗彩描金稳坐江山海水云龙纹扁瓶和黄地粉彩包福万代蝠莲纹包袱瓶等4件藏品，采用传统工艺研发仿制瓷器产品，申请故宫博物院监制。故宫博物院同意为该公司监制上述产品，双方约定监制期限为3年，并邀请故宫博物院专家吕成龙、徐威两位先生作为监制专家。

二、书画监制项目

2009年开展院藏《清明上河图》《中秋帖》和《伯远帖》书画高仿监制项目。2010年开展《兰亭序》《千里江山图》《梧桐双兔图》《富春山居图》和《韩熙载夜宴图》书画高仿监制项目。

三、贵金属监制项目

2010年开展“正大光明”金条监制项目。2010年10月19日，在兆祥所召开了“正大光明”金条监制产品新闻发布会。该产品在社会上引起了广泛的关注。

2011年，开展了《兰亭序》金银插屏监制项目和“金典——栋梁金、天子金、天子银”监制项目。

2013年，故宫博物院按照《故宫博物院文化产品专造、监制管理办法》，分别对北京故宫宫廷文化发展有限公司的游龙转心葫芦、事事如意金宝盒、龙凤金瓜葫芦、八宝金荷包产品和中财国盛投资（北京）有限公司的《清明上河图》金银条等贵金属产品进行了监制。

四、家具监制项目

2016 年 5 月 3 日，故宫博物院为北京国韵如天文化发展股份有限公司的花梨柜格、花梨夔凤纹翘头案、紫檀嵌楠木山水人物床、养心殿浮雕龙纹宝座、紫檀雕花长桌、紫檀嵌珐琅云龙纹博古格、紫檀西番莲纹椅、紫檀荷花纹床、花梨嵌玉石栏杆罗汉床、紫檀龙凤纹立柜等 10 款产品进行了监制。

2017 年，故宫博物院与保定滑氏红木家具制造有限公司相继开展了两项家具监制项目，在有效利用故宫博物院无形资产开展合作的同时，也借助社会力量扩大了故宫博物院的社会影响力。

2017 年初，故宫博物院首次为保定滑氏红木家具制造有限公司监制明清式家具 15 套（共 17 件），聘请故宫博物院宫廷部宋永吉、芮谦两位专家作为该项目的监制专家。2017 年 5 月，该项目第一批监制产品生产完成，监制专家前往生产加工基地对家具进行审核，认为监制产品用料远高于国家红木标准，工艺遵照传统方法，样式特点与明清家具相似。2017 年 6 月，保定滑氏红木家具制造有限公司在故宫博物院建福宫敬胜斋召开了新闻发布会，向社会推广产品。同月，该公司在保定市设立了“故宫博物院监制－滑氏红木文化馆”，用于陈列故宫博物院监制的 15 套仿明清家具，拉近了观众与故宫文化的距离。2017 年 6 月，保定滑氏红木家具制造有限公司再次申请故宫博物院监制明清宫廷系列家具共计 705 件。鉴于双方之前开展合作的成功经验，以及该公司在合作中表现的信誉、专业精神和职业态度，综合故宫博物院无形资产的保值增值、红木原料的特殊性和稀缺性以及家具制作周期较长等多方面因素，故宫博物院为其监制家具 398 件，故宫博物院宫廷部宋永吉、芮谦、黄剑、赵赢赢四位同志组成该项目的监制专家组。2017 年 10 月 16 日，单霁翔院长参加了故宫博物院与保定滑氏红木家具制造有限公司的监制项目签约仪式。

五、佰草集太极丹产品监制项目

2016 年 2 月 18 日，故宫博物院为佰草集护肤产品的外包装艺术设计效果进行监制。该产品外包装以《十二美人图》为元素进行再设计，特聘请故宫博物院专家进行监制指导。故宫博物院多次组织打样产品审核会议，对外包装的设计方案提出了多项修改和完善意见，并先后组织院办公室和法律处对上海灵思远景市场营销顾问有限公司提交的 4 份产品宣传材料进行了严格的审核。该产品上市后，吸引了众多消费者购买，并获得了2017年度中国公关行业协会金旗奖、最佳项目奖和年度全场大奖。

六、故宫酒监制

2002 年至 2007 年，故宫博物院开展了“故宫”系列酒监制项目。该系列产品在社会上产生了较好的社会影响力，受到消费者的好评。考虑“故宫”系列酒的社会影响力，2010 年故宫博物院继续开展“故宫”系列酒监制项目。

七、紫禁书院

紫禁书院是故宫博物院一个当代文化艺术体验空间，自 2015 年 8 月于故宫博物院内东长房正式落地以来，通过故宫出版物及文创产品展陈、传统文化教育、艺术展览等方式，积极传播故宫文化，并陆续在全国各地开设分院，以期在更大范围更为充分地将具有故宫特色的中华传统文化进行传播。

故宫的紫禁书院是故宫出版及文创的体验空间，肩负着让广大观众“把故宫文化带回家”的使命和责任。紫禁书院以图书、书画、文房、雅生活为主题，用当代设计和创意完成了对传统的改造，构建了充满传统书香味道的故宫当代文化空间，承担着故宫优秀出版物及精品文创的设计、展示、宣传推广功能。

此外，紫禁书院承担着故宫文化传播的功能，通过举办系列文化讲座、开展多种文化活动、组织系统的传统文化及博物馆系列教育活动等方式，积极传播故宫文化，使社会更为充分、深入地了解故宫。紫禁书院策划举办了系列文化艺术展览，充分利用展陈空间，将具有传统文化艺术特质的艺术品及非遗传承精品进行符合当代审美及美育需求的展览展示，以期引导受众参与到故宫特色的传统文化艺术体验中来，为民众提供鉴赏艺术、亲近文化进而提升审美修养的机会。

紫禁书院是故宫文化走出紫禁城的一个尝试，是公益性和文化产业相结合的故宫文化空间运营的当代探索。通过各地分院的陆续开设，将故宫出版及文化进行更为广泛的展示推广，普及故宫特色传统文化教育，借由综合体验及展览以全新的面貌推进品牌项目的整体布局，有助于实现故宫文化走出去、中国传统文化传播开来的理想。

为更好地推广故宫特色的中国传统文化，紫禁书院陆续在全国各地开设分院，积极寻求拥有中国传统文化情怀并具有书院文化体验空间运营能力的良好合作伙伴，通过“紫禁书院”合作运营模式的签约合作，以展览展示故宫文创产品，组织讲座、教育、展览等文化活动等方式，在当地形成良好的故宫特色中国传统文化传播氛围。

通过品牌合作的方式，自 2016 年 5 月至 2018 年 1 月，紫禁书院已陆续在广东深圳、江西景德镇、安徽蚌埠、广东珠海等地开设分院，2018 年下半年，重庆、江苏南京、陕西西安、山东潍坊、海南文昌也有分院落地。紫禁书院作为一个向全国拓展、推广故宫特色中国传

统文化的文化体验空间，应当具备输出特色经典文化的内容架构。为此，紫禁书院在故宫特色传统文化教育、展览展示等方面努力探索，结合当地文化特色向各地书院分院输出文化内容，并打造具有地方文化特色的文化内容。

通过丰富多彩的文化创意项目的研发，各地书院分院通过以“紫禁学堂”等项目品牌合作运营的方式，将多种多样的文创项目落地实施。

在传统文化教育领域，紫禁书院于2017年2月创办了“上书房传统文化课堂”，通过儒家经典文化诵读通解、史学经典讲授等活动，面向小学生传输中华传统文化的经典内容；于2017年9月开办“博物馆美育”系列课程，从书画、建筑、器物等层面引领小学生们走进故宫这座伟大的博物馆；陆续开展花艺、摄影、木作等主题活动，带领小学生们以丰富多彩的形式感受故宫特色的传统文化经典。上述尝试和探索表明，课程及活动可成为向各地书院输出的教育项目，并通过研学方式带动各地与故宫的互动连接。

在传统文化艺术展览领域，紫禁书院积极探索中国传统水墨艺术与非遗文化的推广方式，通过专题展览及艺术家个展、联展、巡回展等形式，追溯当代艺术与古代艺术的传承脉络，梳理当代艺术的承继发展线索。例如2017年11月在紫禁书院举办的“鸟鸣四季——江宏伟工笔花鸟画展”，梳理当代工笔花鸟画艺术家江宏伟与院藏古代院体画的承继关系，展出艺术家代表作40余幅，在艺术界和学界产生了积极影响。

第四章

文创产品研发

第一节 故宫博物院的文化创意产品研发十项原则

故宫博物院通过不断探索与不懈努力，持续推动故宫文化创意产品研发和营销的可持续发展。2016 年，单霁翔院长针对故宫博物院的文化创意产品研发工作总结了十项原则。

一、以社会公众需求为导向

故宫博物院既是一座世界著名的综合博物馆，又是世界文化遗产。故宫博物院每年接待 1600 万观众，每天面对着世界上结构最复杂的观众群体。中外观众不同的文化需求，决定了故宫文化创意产品研发的多样性。如何有针对性地研发出不同结构、不同层次、不同表达的文化创意产品，满足不同观众群体的差异化需求，丰富广大民众的精神和物质生活，一直是故宫文化创意产品研发和营销的重要课题。

以往故宫文化产品注重历史性、知识性、艺术性，但是由于缺乏趣味性、实用性、互动性而缺少吸引力，与大量社会民众消费群体，特别是年轻人的购买要求存在较大距离。同时，一般性的旅游纪念品已经很难满足博物馆观众日益增长的文化需求。因此必须在注重产品文化属性的同时，强调创意性及功能性，通过观众期望与文化创意产品升级的互动，使人们真实感受和正确理解故宫博物院所传递的文化信息。

当今社会是一个高度信息化的社会，文化产品要取得社会效益与经济效益的双赢，不仅需要创意好、品质好，还需要策划好、营销好，需要缩短传统文化与现代生活之间的距离。从说教式的灌输转变为感染式的对话，是故宫博物院迈向世界一流博物馆的应有转身。文化创意产品所具有的实用性和互动性，是其他教育传播手段的有力补充。

近年来，故宫博物院更加注重研究人们的生存方式和生存状态。例如，了解和分析人们在日常生活中喜爱哪些文化元素，了解和分析人们在以什么方式和手段接受文化信息，了解和分析人们如何度过每日“碎片化”的时间，了解和分析不同年龄段观众的差异化文化需求。在广泛进行社会公众需求调查的基础上，确定文化创意产品研发和营销策略，即以社会公众需求为导向，增强文化创意产品的趣味性和实用性，设计生活化且包含中华传统文化元素的文化创意产品，从而让故宫文化能够融入人们的日常生活之中，让更多日常生活用品具有文化价值，通过文化创意产品提升广大民众的生活品质，让博物馆更加轻松、生动、亲切地发挥文化影响力。

让文物藏品更好地融入人们日常生活之中、发挥其文化价值是博物馆的重要追求。由此，故宫博物院确定了将故宫文化通过文化创意产品的形式进入现代生活的研发思路。例如故宫娃娃系列，因其趣味性而受到少年观众的喜爱。手机壳、电脑包、鼠标垫、U盘等，因其实用性而持续热销。以朝珠耳机等文创产品为例，它们的推出不仅迅速引起了广泛的关注，也带动了故宫淘宝的销售。这些文化创意产品的研发思路，是实用、时尚与文化的结合，将现代人不可或缺的功能性产品与传统文化载体相结合，产生符合当下生活理念的文化创意，特别是引发年轻人对故宫文化创意产品的关注，进而产生对故宫文化的兴趣。

一直以来，故宫博物院承担着妥善保管、保护珍贵文化遗产的责任，同时，为弘扬民族精神，促进民族文化的繁荣，致力于用新颖的展示形式和技术手段展示文化遗产，服务于广大观众和社会公众。今天，人们的生活、工作、学习越来越离不开网络，博物馆也是网络生态环境中必不可少的组成部分。为此，故宫博物院初步搭建起以故宫博物院官方网站为核心的主入口，由网站群、app、多媒体数据资源等各种信息构成线上、线下互通互联的一站式聚合平台。为了向广大观众和社会民众提供便捷、全面的博物馆数字资讯，形成具有在线讨论、分享、沟通等功能的“数字故宫社区”，故宫博物院完成了官方网站的改版，强化英文网站功能，增加青少年网站，同时开始举办网上博物馆展览，使社会公众更加方便地了解故宫文化，进而喜爱故宫文化。

二、以藏品研究成果为基础

博物馆文化创意产品的研发，应该立足于博物馆自身文化，在融合博物馆文化元素的基础上，进行再挖掘和再创造，其根本目的是促进文化传播。故宫博物院多达25大类180余万件（套）精美绝伦的文物藏品是文化创意研发最宝贵的文化资源，而众多专家学者和故宫研究院整合的科研学术力量，则是故宫文化创意产品研发的坚强后盾。故宫文化创意团队通过对文物藏品全面解读和深入研究，不断推出真正拥有故宫文化特色内涵的文化创意产品。“故宫人最喜爱的文物”评选活动就是从文化创意产品研发的角度，在院藏文物范围内推选出故宫人最喜爱的百件文物，为后续文化创意产品研发奠定基础。

在深入挖掘故宫文物资源过程中，文化创意产品研发人员经常邀请文物专家进行专项指导，深入梳理和解读文物藏品内涵，合理提取关联文化元素，为文化创意研发寻找正确方向，在故宫博物院专家们的帮助下，选取故宫特色最为鲜明，兼具文化价值、艺术价值与情感价值的文物元素，使文化创意产品呈现鲜明的故宫文化特征，凸显故宫文化创意的专属性格。

三、以文化创意研发为支撑

近年来，国家文化政策逐步完善，鼓励博物馆大力发展文化创意产业，故宫博物院的文化创意工作也在随之改变，从旅游纪念品迅速向文化创意产品方向过渡。今天，故宫文化创意产品的定位是“根植于传统文化，紧扣流行文化元素”，因为只有社会大众能够享用、乐于享用的产品，才是好的文化创意产品；将传统文化与现代生活相结合，才能有效缩短消费者与博物馆文化的距离。

创意研发是文化产品发展的核心要素，故宫博物院文化创意产品研发注重深入挖掘院藏文物内涵，同时，注重统一产品整体格调，一方面力求把握传统文化脉络，另一方面注重探索现代表达方式，以求故宫文化创意的多元呈现，使故宫文化创意产品兼具历史性、艺术性、知识性和实用性、故事性、趣味性，不再拘泥于以往临摹复制的文化产品类型，涌现出越来越多具有现代感的新型文化创意产品系列。

在文化创意产品研发过程中，具有丰富经验的设计团队的作用非常重要。研发部门将所选取的文物藏品元素详细介绍给设计团队，包括文物藏品的历史渊源、文化寓意、昔日的使用者及背后的故事等，使设计团队充分领会文物藏品所蕴含的底蕴，了解研发对象与传统文化的紧密关联，让文物藏品的气质与文化创意产品的气质有效结合。这样的文化创意产品才会具有故宫文化的特有性格，并根据不同需求形成多样化的设计方案。

文化创意产品的设计元素应能够正确展现所代表的故宫文化内涵，揭示元素背后的文化故事，使人们易于接受。同时，故宫文化创意产品应具有一定的功能性，实现文化内涵与实用功能的结合，使人们通过文化创意产品，更深刻地理解故宫历史，从而达到传承故宫文化的目的。

四、以文化产品质量为前提

故宫文化创意产品应是文化精品，应该具有深刻的思想内涵、新颖的表现形式、鲜明的艺术风格、独特的技术语言、精湛的工艺制造。故宫博物院在确保每件文化产品都拥有故宫创意元素的同时，也不断加强对产品设计、生产、营销各个环节的把控，力争使每件产品均具备优异质量。

在设计研发阶段，设计团队针对具体的文化创意主题提出设计思路，与合作单位的设计人员共同对文化创意产品进行深化设计，把控整个产品的设计过程。在产品设计初稿完成后，依据设计要求对产品设计方案进行评审，邀请业务部门专家对产品设计把关，保证产品的文化属性。在设计方案通过后，联系生产企业对产品进行样品制作，再对样品进行二次评审，以保证最后的产品质量达到设计方案的要求。经过实践，故宫文化创意产品的研发模式运行效果良好，无论是创意设计还是生产质量，均比以往有了很大提高，新产品研发数量更是倍增。

故宫文化创意产品在生产转化阶段注重设计团队和生产企业紧密结合，共同探讨现代工艺如何呈现设计效果，同时，确定工艺细节，选取制作材料，平衡产品成本，经详细核算后，进入打样测试过程。样品打样通常在四五次以上，以精准把握细节、调整产品工艺、完善制造工序，达到最终理想效果。从文化创意产品本身到包装盒、包装袋都需要有统一的呈现，延续整体风格。确认完全达到设计效果和质量后，方进行批量化生产。一般每件文化创意产品都要历经数月磨合，才能终得出品。

在市场营销阶段，文化创意团队定期召开会议，总结产品研发中的经验教训。每三个月还要进行一次检讨调整，针对文化创意产品的营销情况以及受众情况开展分析，根据实际销售数据，如果属于畅销品，就追加此类产品的生产计划，否则就对产品售价或销售渠道做出相应的调整，并为下一阶段新产品的创作提出研发思路。在故宫文化创意产品出品的同时，及时整理产品文案，通过图文并茂的说明内容，深度呈现文物渊源、文化内涵、工艺特征、使用方法等各方面信息，使受众在使用的时候，潜移默化地接受故宫文化熏陶，从而达到推广、普及传统文化的目的。

五、以科学技术手段为引领

在实体产品之外，故宫文化创意产品的另一种表现形式是新媒体和数字化产品。为了使更多观众了解故宫文化，故宫博物院不断研发优秀的数字文化创意产品，依托端门数字博物馆，让观众在整体上感受故宫文化魅力，从细节上体味故宫文化深度。实践证明，互联网与文化产业的结合能够提升文化创意产品的内涵和品质，塑造文化品牌形象，提升其文化市场占有率。

故宫博物院资料信息部负责在线数字展示，其研发团队精心策划选题，推出了各类 app，将专家的研究成果与观众感兴趣的题材密切结合起来，并且把专家的研究成果"翻译"成观众、特别是年轻观众乐于接受的形式，更加口语化，形象更亲和，不断拉近故宫博物院与广大观众的距离。他们在研发中所选择的合作伙伴，均是具有良好口碑的研发团队，成员大多来自于中央美术学院、清华大学美术学院等著名高等院校，所设计的交互方式和绘制的画面精致考究。程序初步完成之后，苹果公司团队也会提出意见，在流畅度、互动形式等方面给出建议。所以，博古今的内容、接地气的策划、高水准的制作，成为"故宫出品"app 的一贯风格，获得了"故宫出品，必属精品"的观众评价。目前，故宫博物院已经自主研发并上线了 8 款应用产品，取得了平均下载量上百万的显著成绩，促进了故宫文化的传播。例如《韩熙载夜宴图》app 运用了大量科学技术手段，共有 100 个内容注释点、18 段专家音视频导读和 1 篇后记，并由台北"汉唐乐府"表演团体用非物质文化遗产"南音"演绎画中乐舞，从而提供给观众新鲜时尚的多媒体交互体验。

近年来，故宫博物院加快数字故宫社区建设，提升公众文化服务水平，广泛利用互联网平台推广故宫文化创意产品，扩大故宫文化传播。目前，数字故宫社区中的模块内容不断丰富，方式更便捷，传播更畅通，让传统文化有机地融入观众每一天的生活中。在移动互联网和移动终端大行其道的今天，随时随地通过平板电脑和手机应用获得故宫文化信息，解读某件或某类文物藏品信息，已经成为越来越多喜爱故宫文化的观众所熟悉和依赖的文化生活方式。

随着互联网经济快速发展，新媒体成为年轻人所青睐的信息获取方式。大环境下，如何借力互联网实现故宫文化的传播，成为故宫文化创意需要考虑的重要问题。其中，故宫淘宝的创立和发展，成为利用电商和新媒体与时俱进传播故宫文化的新尝试。故宫淘宝从数千个品种中选择200种左右年轻人所喜爱的文化创意产品，共分为故宫娃娃、生活潮品、文房书籍等7个版块进行营销，成为故宫文化创意产品营销的重要窗口。

在文化创意产品的宣传推广方面，故宫博物院充分利用微博、微信等社交平台以及故宫博物院官方网站，组织微话题，推出微展览，与观众展开交流互动。为了配合销售、推广的需要，故宫淘宝还开设了相应的微博和微信，与淘宝名称一致。故宫淘宝的微博拥有粉丝近30万，而且粉丝活跃度较高，微博的转发量很大。微信也拥有数十万粉丝，进一步加大了故宫文化创意产品在社会公众中的知名度。故宫博物院还与阿里巴巴集团签署合作协议，在天猫和阿里旅行平台筹建故宫博物院旗舰店，建立故宫文化创意宣传展示的新窗口，使故宫文化创意产品在深度和广度方面均有所突破。

六、以营销环境改善为保障

文化创意产品营销要取得良好的社会效果，不仅要在产品质量上下功夫，还要着重塑造产品、环境、文化内涵为一体的整体文化体验空间。近年来，故宫博物院针对红墙内古建筑区域开展“去商业化”行动，拆除了昔日占用古建筑的故宫商店临时建筑，还故宫古建筑以尊严。

2014年10月10日，故宫博物院89年院庆当天，隆宗门内的观众快餐厅、景运门内的故宫商店彩钢房等正式拆除，不但有效消除了火灾隐患，增加了观众活动的空间，还原了古建筑的历史原貌，而且通过调整观众服务区域，提升了服务水平，让观众更有尊严地参观和休息。

御花园作为多数观众参观的最后一站，在观众流量高峰时段往往成为最大的“堵点”，园内聚集蹲坐用餐的场景，严重影响观众参观的氛围，更会对故宫世界文化遗产造成损害。为彻底解决御花园现状，整体提升景观效果和参观环境，故宫博物院采取系列措施进行整治，御花园内不再售卖各种饮食，撤除园内所有售卖食品的商铺，重新进行整体规划，回归古典园林之美。

与此同时，在红墙外的东长房区域，建立与故宫文化环境相协调的文化创意馆。从“故宫商店”到“故宫文化创意馆”，不仅是名称的改变，而且体现出故宫文化创意产品营销思路的转变，即将文化创意馆作为观众离开故宫博物院前的“最后一组展厅”，丰富观众对于博物馆文化的体验，并实现“把故宫文化带回家”的愿望。观众从这里带走的不仅仅是精美的故宫文化创意产品，更是对故宫文化的一次认知，对中华传统文化的一份情感。

2015 年 9 月，故宫文化创意馆整体开放，包括丝绸馆、服饰馆、影像馆、生活馆、木艺馆、陶艺馆、铜艺馆以及集文化创意展览、文化讲座活动、产品展示销售于一体的紫禁书院。在故宫文化创意馆，观众可以在历史氛围浓郁的优美环境中，充分感受故宫文化的魅力，挑选富含故宫元素的文化创意精品。文化创意产品与新型文化空间的结合，架起了古代宫殿、文物藏品与当代生活的桥梁，进一步发挥了故宫文化创意的教育传播与文化体验作用。

近年来，国际博物馆领域出现了在收藏与展览空间之外增加公共教育空间和公共服务空间的趋势，即博物馆更加注重观众休闲区域的作用，认为博物馆接待观众的过程，不仅是向观众提供高品位、高质量的陈列展览与传播知识、传播信息的过程，还是向公众提供文化休闲与优质服务的过程。这是新时期博物馆服务理念发生的重要变化。

七、以举办展览活动为契机

近年来，伴随对观众开放区域的不断扩大，故宫博物院继续完善陈列展览格局，持续增加新的展区、展馆、展览，努力提升陈列展览质量，同时在午门—雁翅楼等展区设立故宫文创随展馆。如今，故宫博物院的每一项展览都做立体式呈现，在策划展览的同时，制作展览图录，出版相关书籍，召开学术研讨会，研发数字影像辅助导览，展览宣传策划也同步展开，并且针对重点展览，研发相应的随展文化创意产品，强化陈列展览的社会影响。故宫博物院的经营管理部门、市场营销部门、图书出版部门、资料信息部门与藏品保管研究部门一直保持着紧密的联系，配合院内重大展览项目，精心汇集即将展出的文物藏品信息，通过与策展专家反复沟通确认，组织或邀请设计团队参与策划，最终确定文化创意产品设计所应用的具体文物元素。在弘扬与传播中华优秀传统文化过程中，故宫博物院一次次陈列展览的举办，也为文化创意产品的研发与营销提供了契机。将文物展品与文化创意产品相结合，对随展系列产品进行延伸研发，已经成为故宫博物院文化创意发展的重要方式。

2015年适逢建院90周年，故宫博物院举办了多项重点展览。配合“故宫博物院藏老照片展”“《石渠宝笈》特展”“普天同庆——清代万寿盛典展”“营造之道——紫禁城建筑艺术展”“雕塑馆固定陈列”等多项展览，研发了御品听香·听琴图套装、福寿康宁花香酵素皂套装、梅溪放艇水晶镇尺等随展文化创意产品518种。这些随展文化创意产品可以帮助观众提前了解展览内容，参观结束后又可以通过选购文化创意产品，将美好的记忆带回家，从而加深对文物展品的认识以及对展览内涵的理解。在“《石渠宝笈》特展”举办期间，故宫博物院推出了仿真书画系列产品，绝大多数为国家一、二级文物复仿制品，涵盖了隋唐以后历代中国书画珍品，包括《清明上河图》《韩熙载夜宴图》《听琴图》《兰亭八柱》《五牛图》等，这些文化产品由故宫书画专家亲自校色，最大限度保留原作的神韵风貌。武英殿书画馆设立的随展商店销售额每天超过10万元，创下了临时展览文化创意产品的销售纪录。正是因为有了“《石渠宝笈》特展”等的火爆人气，借势营销才赢得了销售纪录的刷新。

因此，文化创意产品的研发，不应停留在设计、生产的环节，而应该在创意诞生之初就考虑如何实现文化传播的“立体化”，让每一件文化创意产品的推出，都能够最大限度地获得社会效益和经济效益的双赢。

八、以开拓创新机制为依托

不断创新研发和营销机制，是发展文化创意产品的基础和动力。近年来，故宫博物院不断引进专业人才，改善自主研发团队结构，形成了以王亚民常务副院长为总设计师，经营管理处、文化服务中心、出版部、资料信息部等部（处）负责文化创意产品的研发管理、研发、营销的工作格局，由熟悉故宫文物、理解故宫文化的业务人员组成文化创意产品研发团队，保障了研发工作的创新性和专业性。

在具体执行方面，故宫博物院协调人力、物力、财力资源，大力支持文化创意部门工作的开展。其中，故宫文化服务中心作为院属企业之一，近年来围绕故宫博物院整体发展思路，为丰富文化创意产品类别加强研发力度，2013年增加文化创意产品195种，2014年增加文化创意产品265种，2015年增加文化创意产品813种，近三年累计研发文化创意产品 1273 种。

以往故宫文化创意产品的研发模式，主要是合作研发，即由故宫博物院相关部门提出文化创意产品需求，由社会上的合作单位完成产品的设计、制作。这种完全外包的工作模式可以节省文化产品的研发成本，但是生成的文化产品往往缺乏创意，对于故宫文化的理解与表现不够准确，有的甚至与故宫文化严重偏离，只能算是一般的旅游纪念品。近年来，故宫博物院对文化创意工作投入了极大的热情与努力，在认真总结研发工作的基础上，积极调整研发模式，加大自主研发的力度，主要由院内相关部门提出文化创意产品的设计方向及设计要求，与合作单位共同完成产品创意的实现，并在合作中加强与合作单位的沟通。经过反复摸索，故宫博物院已逐步建立起适用于故宫文化创意产品研发的工作模式，保证了研发工作的效率及质量。

目前，故宫博物院对合作经营单位的选择有严格的要求，通过行业推荐、网络查找、公开招投标等形式，选择兼具设计能力和生产加工能力的社会知名企业作为文化创意产品的设计加工企业。为此，故宫博物院制定了严格的准入程序。首先，审核合作经营单位资质。要求从事文化产品研发、生产、销售的经验不少于 5 年；具有较大规模；有良好的企业文化。其次，考察自主研发能力。合作经营单位应有自主研发团队，研发能力处于行业领先地位。再次，合作经营单位应当具有较好的成本控制能力，拥有自主的产品加工系统，能够兼顾质量和成本。同时，合作经营单位应当具有了解市场的能力，定期进行市场调研，产品定位和设计贴近公众需求。故宫博物院根据合作经营单位提供的证明材料和赴现场考察的有关情况，对合作经营单位及其产品的各项考核内容进行打分，根据结果择优选择。目前，为故宫博物院提供文化创意产品的设计和加工的企业已达 60 余家。

为了不断寻找更多更好具有研发能力的合作单位，故宫博物院每年定期召开文化产品研发工作座谈会，特别重视与社会知名设计师和非物质文化遗产传承人的合作。2014 年，国家级非物质文化遗产传承人朱炳仁先生领衔的金星铜集团进入故宫博物院，承担铜器类文化创意产品的设计和生产加工。该集团集现代科技、民族文化和传统工艺于一身，研发了百余款故宫元素铜器文化创意产品，其中《五牛图》《铜马》等作为国礼赠送国际友人，为中华文化的国际传播做出了贡献。

九、以服务广大观众为宗旨

在博物馆发展历史中，博物馆的教育传播功能和公众服务功能越来越重要。作为重要文化教育机构，故宫博物院有责任进一步履行博物馆的文化传播职能，为广大观众和社会公众送上丰富多彩的文化体验。故宫文化创意产品的研发过程伴随持续的市场调查，对市场需求和产品传播形式进行判断，咨询相关文化创意团队，从而对产品转化形成新的认识。近年来，故宫博物院文化创意产品的研发与营销，始终坚持以服务广大观众和社会公众为宗旨，围绕深厚的文化内涵，依托丰富的文化资源，在博物馆文化创意产业方面持续发力，在文化创意产品的设计研发、生产管理、营销服务等环节上下功夫，通过高水平的设计、高质量的产品、高效率的服务，推出了一系列深受社会公众喜爱的文化创意产品。

位于端门的数字博物馆是在传统建筑中建设的全新数字形式展厅，以数字建筑和数字文物的形式，突出信息时代的技术优势，以新媒体互动手段满足传统文化的传播需求。数字沙盘基于高精度全景建筑三维模型，通过沙盘动态演示和交互控制，以形象直观的数字立体地图进行数字导览。虚拟现实剧场以高沉浸感和可互动的模式，帮助观众在视听效果的震撼中，感受紫禁城以及传统文化的魅力。其中的数字法书用数字毛笔和数字水墨仿真书写，通过互动手段让法书藏品贴近现代观众。数字绘画通过数字高清影像让观众真切地体会到绘画作品“鲜活如生”的特点。数字长卷在超大屏幕上，让观众通过高清影像欣赏绘画原作。数字多宝阁精选近百件故宫典藏器物，以“可以摸文物”的形式展现丰富的馆藏。数字宫廷原状构建沉浸式立体虚拟环境，使观众身临其境地欣赏宫廷原状陈设。数字宫廷服饰通过虚拟试穿的趣味环节，带领观众掌握宫廷服饰选择搭配的简单要领。

文化创意产品研发需要借鉴其他机构的成功经验。2014年推出的“故宫护照”便是借鉴了“世博会护照”的创意。故宫作为世界上现存规模最大、保存最完整的古代皇家宫殿建筑群，每处建筑都独具特点和文化内涵，每年有上千万的游客慕名而来。“故宫护照”通过护照这种形式介绍了从午门到神武门之间的十大景区。持护照的观众每到一处景区，可以盖上相应的印章，不但加深了观众对于各个景区的了解，也增加了参观的乐趣，盖满印章的护照本身也极具纪念和收藏价值。这一文化创意产品推出以后，受到观众持续追捧，并在2014年中国礼物设计大赛中荣获创意设计类金奖。

随着故宫文化创意产品的持续创新，故宫文化品牌形象在90后乃至00后年轻群体中的影响力正在持续激活。2015年8月，故宫文化服务中心初次与阿里巴巴集团旗下的营销平台聚划算展开合作。在聚划算平台首页对故宫文化创意产品以专题的形式进行促销。仅仅一个多小时，1500个手机座就告售罄。一天内共有1.6万单故宫文化创意产品在聚划算平台成交，为此媒体进行了专题报道，引起了社会的广泛关注。

十、以弘扬中华文化为目的

传播文化是博物馆的职责与使命，故宫博物院作为中国最大的综合性博物馆，传播中国优秀传统文化义不容辞。今天，故宫文化空间的开放性、共享性成为人们衡量故宫博物院管理水准的主要标尺。因此，应使故宫博物院与社会民众更亲近，成为社会民众乐于到访的地方，增强人们的认同感，使故宫博物院不仅具有物质的、外在的形象，更包括丰富的、人性化的文化内涵。

在当代社会生活中，博物馆是新的城市文化中心，是公众交往的重要场所。只有将博物馆公共空间与优质文化传播有机结合，将使用功能与民众生活有机结合，才能凝练出富有魅力的博物馆文化。作为故宫博物院的文化创意团队，应以传播故宫文化为己任，深入挖掘故宫博物院丰富文化资源，研发出故宫文化元素突出、符合时代审美、文化创意精彩、贴近观众实际需求、深受社会民众喜爱的不同档次的故宫文化创意产品。

实现博物馆的科学管理，最为重要的是尊重观众的参观感受。只有如此，观众才会真正感受到自己也是博物馆发展的利益相关者，感到博物馆文化与自己的生活息息相关。今天应充分考虑人们在故宫博物院的行为活动与心理需求，使中外观众的参观过程舒适而充满乐趣。文化创意产品是传播中华文化的重要载体，故宫人应深度挖掘最具中国传统文化内涵的文物藏品，对其意蕴进行提取、归纳和阐释，充分尊重和体现文化渊源和特色，结合考究的工艺、新颖的设计，完成具有文化传播功能的优秀文化创意产品，努力将文化创意产业做得更加生动和丰富，为推动中华文化走向世界贡献一份力量。

故宫博物院拥有无与伦比的文物藏品和丰富的文化内涵，在文化创意产品研发上有取之不尽、用之不竭的资源宝库。故宫博物院通过在异国他乡举办故宫文化讲座、故宫文化创意产品展示及销售等多方面活动，使故宫文化创意产品传播到世界各地，让全世界人民都有机会体验到一次非凡的故宫文化之旅。

作品评审

颁奖仪式

第二节　故宫博物院职工设计大赛

2008 年 6 月 20 日，故宫博物院首届职工文化产品设计及创意方案竞赛颁奖活动在兆祥所成功落下帷幕。本竞赛的举办旨在提升故宫博物院文化产品的整体水平和“故宫”品牌形象，开发更多高品质的文化产品，以满足广大观众的需求。

本次竞赛分为作品征集、作品评审和颁奖典礼三个环节。在院领导和各部（处）的积极支持下，广大职工积极参与，踊跃投稿，提交了许多有利于文化产品开发的建设性意见。竞赛共收到参赛作品 41 件，其中设计类作品 24 件，创意类方案 17 件。作品评审本着公平、公正、公开的原则，依照评审标准和程序给每件作品评分。设计作品评审参考元素提取、表现力、色彩搭配、创新可操作、文字说明等 5 个方面。创意方案评审参考主题性、独创性、可操作性、翔实性等方面。在纪检监察办公室人员的全程监督下，会务人员对评审结果进行统计和排序，评分结果由监督人员认可签字生效。评审最终选出文化产品设计类作品一等奖 1 名，二等奖 3 名，三等奖 5 名；创意类最佳创意奖 10 名。这是一次别开生面的竞赛活动，

获奖设计方案（一）

获奖设计方案转化成文创产品（一）

获奖设计方案（二）

获奖设计方案转化成文创产品（二）

获奖设计方案（三）

获奖设计方案转化成文创产品（三）

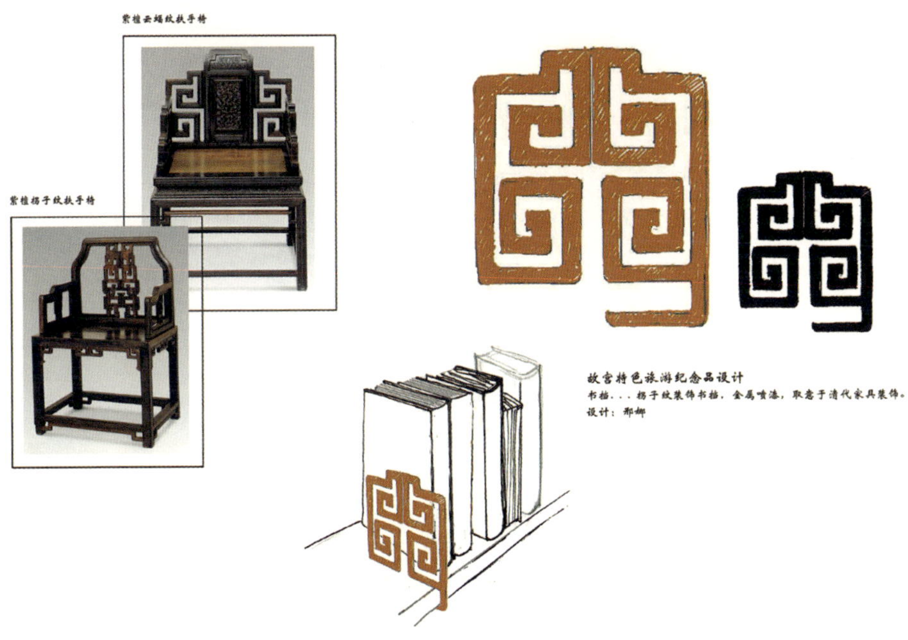

获奖设计方案（四）

获奖设计方案转化成文创产品（四）

院内职工广献良策，产生了一批具有时代特点、故宫特色的文化产品设计及创意作品。赛后，故宫博物院将作品转化为可销售产品并推向市场，获得了社会效益和经济效益的双赢。

2009 年 11 月 20 日，在成功举办首届职工文化产品设计及创意方案竞赛的基础上，故宫博物院举办了第二届职工文化产品设计创意竞赛。本届竞赛的举办旨在挖掘职工文化产品设计及创意综

评审现场（一）

评审现场（二）

一等奖获奖设计方案

合能力，扩大“故宫”“紫禁城”文化产品品牌影响，提升故宫博物院文化产品的整体水平。经过5个月的作品征集，在院领导和各部（处）的积极支持和广大职工的踊跃参与下，截至2009年10月26日，共征集参赛作品33件，其中设计类作品22件，创意类方案11件。本着首届大赛评审原则和评审标准评选出设计类作品一等奖1名，二等奖3名，三等奖5名；创意类最佳创意奖10名；其他参赛人员获得纪念奖。

颁奖典礼上，时任国家文物局博物馆司司长宋新潮同志强调，发展博物馆的文化产业是博物馆的重要工作；同时对故宫博物院的文化产品设计创意大赛给予了较高的评价。故宫博物院连续两年举办此项活动，得到了院工会、团委及各部（处）的鼎力支持，大家都积极

時間藝术

谢荪　《青绿山水图》轴

Xie Sun *Blue-and-green Landscape*

首饰盒功能

千秋亭八音首饰盒的地台和亭子窗门可抽出打开，有小匣，用于存放首饰胸针类的小物件。

二等奖获奖设计方案（一）

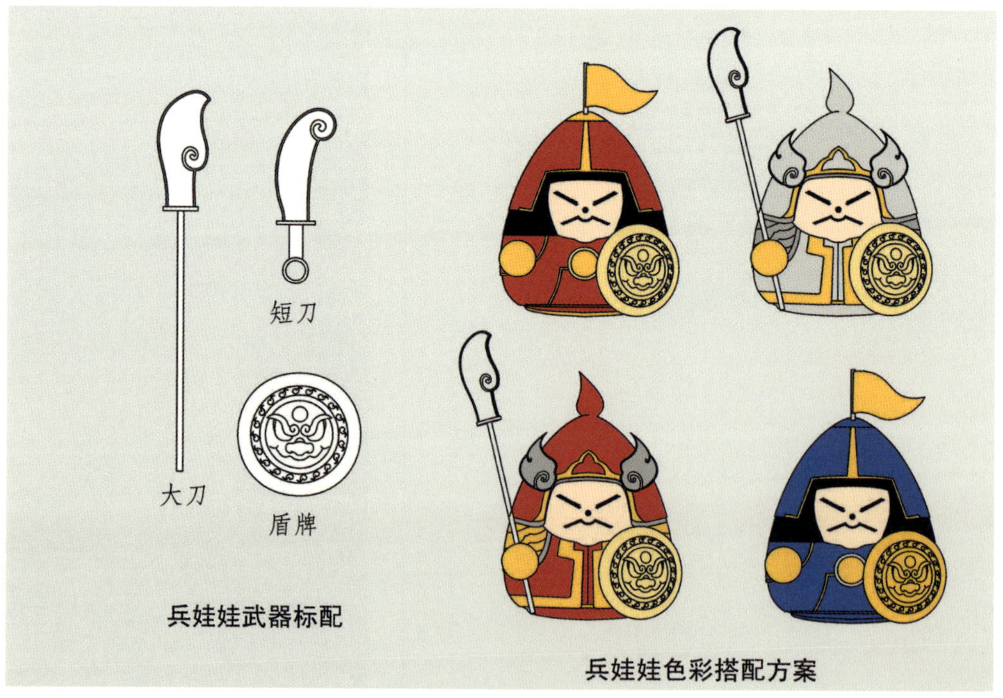

二等奖获奖设计方案（二）

故宫文化产品　千秋亭八音首饰盒
装配结构示意
一体成型亭顶
八音盒内芯
“花鸟画轴”滚筒
部分一体成型亭身
（注：窗门可开）
地台抽屉匣子
地台

其他获奖设计方案（一）

其他获奖设计方案（二）

其他获奖设计方案（三）

参与到这项活动中，创作者拓展创意构思，设计出了更加精彩的作品，丰富了故宫博物院的文化产品。

第三节 “故宫人最喜爱的文物”评选

为了弘扬中华民族优秀文化，树立故宫形象，更好地挖掘故宫深厚的文化内涵，传播故宫文化，推广“故宫”“紫禁城”文化品牌，提升故宫文化产品的社会影响力、文化传播力，经营管理处在故宫博物院内组织开展了“故宫人最喜爱的文物”评选活动。该活动旨在使职工对院藏文物有进一步的了解和认识，通过故宫人自己的视角，推选出最喜爱的10件院藏文物，以便能更好地研发出传播故宫文化的博物馆文创产品。

2012年6月7日，在故宫博物院第二会议室召开了“故宫人最喜爱的文物”评选活动文物类别专家推荐会。故宫博物院院长单霁翔，故宫博物院学术委员会郑欣淼、李文儒、陈丽华、宋纪蓉、杨伯达、杨新、朱诚如、施安昌、聂崇正、余辉、王素、耿宝昌、刘雨、肖燕翼、单国强、朱赛虹、胡建中、苗建民、石志敏、蔡治淮等20位委员，清华大学

“故宫人最喜爱的文物”评选活动
文物类别专家推荐会

美术学院平面设计研究所所长陈楠、北京理想创意艺术设计有限公司总经理邵新作为评委参加了本次会议，会议由郑欣淼同志主持。

故宫博物院经营管理处杨晓波处长向与会专家评委介绍了“故宫人最喜爱的文物”评选活动的评选标准、评选程序、投票办法等内容。评选范围是故宫博物院可移动文物和不可移动文物。投票范围是故宫博物院职工和故宫博物院志愿者。22位专家评委按照“故宫人最喜爱的文物”应具有较高的历史、文化、艺术价值；具有独特性、经典性、象征性；具有较高的社会影响，在同类文物中占有重要的位置；具有较好的视觉效果和欣赏价值，图案或造型美观；具有宫廷文化特色，体现皇家藏品特点；具有易于文化元素的提取和转化的特性，适合

专家投票

研发故宫文化产品等 6 项评选标准对故宫博物院26个文物类别进行了投票推荐。

评选活动遵循公开、公平、公正的原则进行。工作人员杨兮、常峥负责唱票、计票工作，院学术委员会委员苗建民、蔡治淮同志负责监票，纪检监察办公室刘学惠同志负责投票、唱票、计票全程的监督。经过评选，最终评选出了 10 个“故宫人最喜爱的文物”类别。按获得票数由高至低排序，前十位文物类别分别是：1. 绘画类；2. 陶瓷类；3. 法书类；4. 建筑类；5. 玉石类；6. 青铜器类；7. 织绣类；8. 金银器类；9. 珐琅类；

单霁翔院长为专家评选作总结

10. 玺印类。

会议最后，单霁翔院长作总结性发言：本次评选活动从文化产品研发的角度，在院藏文物范围内推选出故宫人最喜爱的 10 件文物，目的是更好地传播故宫文化，宣传故宫文物藏品，研发故宫特色文化产品。参观故宫博物院的游客已接近年 1500 万人次，不断增加的客流是对故宫安全与服务的考验，同时也是推动故宫文化产品销售和研发的最大优势。做好文化产品研发工作，首先要了解不同消费者的审美和需求。邀请志愿者参加本次评选活动，旨在透过志愿者听取部分社会群体的意见，更好地了解观众的需求信息，对文化产品研发起到促进和推动的作用。故宫藏品资源丰富，文化产品研发有很大的提升空间。故宫特色文化产品研发应在深入挖掘故宫文化资源、树立精品意识、注重质量、提高品质的原则下进行。故宫博物院将进一步整合文化资源和经营资源，加强故宫品牌建设，突出故宫特色，使慕名而来的观众“把故宫文化带回家”的愿望成为现实。

2012年6月8日至25日，专家评委通过查阅故宫博物院网站和《故宫博物院藏文物珍品全集》60卷书籍等方式，对10个类别的100件文物进行推荐，并将推荐文物填入“文物评选推荐表”。2012年6月26日至27日，“故宫人最喜爱的文物”评选活动专家投票在院工会职工之家召开，33位专家评委来到现场进行了投票。

2012年6月28日至8月10日，经过票数统计，工作组共收到有效选票33份，汇总专家推荐文物共计2964件。得票最高的115件文物入选职工、志愿者评选投票的文物范围。

2012年8月28日，配合评选活动，故宫博物院设计印制了海报、出版了《故宫人》报“故宫人最喜爱的文物”评选专刊，对活动进行宣传。

2012年9月10日至14日，故宫博物院职工、志愿者积极关注评选活动，大家认真参考候选文物资料，选择自己最喜爱的文物进行投票。在宣传教育部的配合下，组织志愿者完成了投票。部分职工在工会职工之家投票站进行了网上投票。

王亚民常务副院长对出版方案作指示

2012年9月12日，经营管理处与故宫出版社召开了关于评选活动图录出版方案的讨论会议。王亚民常务副院长对出版方案提出了具体要求，指出要将此书精心设计、策划，做成能代表故宫形象，富有故宫文化内涵的出版物。

2012年9月28日，“故宫人最喜爱的文物”评选活动全院职工投票结束。经过统计，工作组共收到有效选票1170张，职工参与投票1062人，志愿者参与投票108人。最终，活动评选出了“故宫人最喜爱的10个类别的院藏文物”。

“故宫人最喜爱的文物”分别是：

1. 绘画类　宋　张择端《清明上河图卷》（465票）

2. 陶瓷类　宋　定窑白釉孩儿枕（267票）

3. 法书类　唐　冯承素行书摹《兰

亭序》（273 票）

晋　王珣《伯远帖》（273 票）

4. 建筑类　角楼（427 票）

5. 玉石类　清　大禹治水玉山（407 票）

6. 青铜器类　春秋时期　莲鹤方壶（354 票）

7. 织绣类　清　石青地极乐世界织成锦图轴（189 票）

8. 金银器类　清　金瓯永固杯（489 票）

9. 珐琅类　元　掐丝珐琅缠枝莲纹象耳炉（230 票）

10. 玺印类　清　田黄三联玺（318 票）

2012 年 10 月 11 日，活动评选结果通过院内网、工会网进行了公布，后出版了《故宫百宝——“故宫人最喜爱的文物”评选活动》一书。

第四节　“紫禁城杯”故宫文化产品创意设计大赛

随着社会经济的不断发展和人民生活水平的普遍提高，社会公众对博物馆也提出了新的期望和要求。故宫博物院作为世界文化遗产，作为中华民族文化形象的重要代表，肩负着传承中华民族优秀传统文化的重要使命，党的十八大报告明确了“推动社会主义文化大发展大繁荣”,“增强文化整体实力和竞争力”，“推动文化事业全面发展、文化产业快速发展”，“扩大文化领域对外开放”的要求，习近平总书记“让收藏在博物馆里的文物、陈列在广阔大地上的遗产、书写在古籍里的文字都活起来”的重要指示，李克强、刘延东同志对博物馆文创产品研发工作所做出的相关重要批示，国务院办公厅转发的文化部、国家发展改革委、财政部、国家文物局四部委《关于推动文化文物单位文化创意产品开发若干意见》，这些重要指示和政策文件，都为博物馆推动发展自身的文化创意产业，开发更丰富、更高品质的文创产品指明了方向，提供了机遇。

文创产品作为延伸博物馆生命力、加深观众对博物馆理解与认识的重要载体，正日益占据博物馆发展的重要位置。在国家推动文化产业成为国民经济支柱产业的大背景下，故宫博物院文化创意事业的发展也迎来了新的形势和机遇。国家相关政策、法律法规和制度的完善，为发展文化创意产业提供了坚实保证；体制机制的改革创新，相关支持政策的落实完善，开展部分单位试点，探索开发模式、收入分配和激励机制等工作都在逐渐展开和落实。尤其是明确鼓励具备条件的文化文物单位采取合作、授权、独立开发等方式开展文化创意产品开发；明确文化文物事业单位文化创意产品开发取得的事业收入、经营收入等按规定纳入本单位预算统一管理，可用于公益文化服务、藏品征集、继续投入文化创意产品开发、对符合规定的人员予以绩效奖励；大力培养创意研发、营销推广等人才，畅通国有和民营、事业单位和企业之间人才流动渠道；允许开办经营性企业，试验和探索将单位绩效工资总量核定与开发业绩挂钩等具体政策的提出，都为故宫博物院发展自身的文化创意事业提供了崭新的思路。

为了更好地传播中华优秀传统文化，挖掘并利用故宫文化资源，唤醒创意设计灵感，使观众能够心满意足地“把故宫文化带回家”，通过对故宫元素文创产品和创意设计作品进行征集、评选、展示、交流，故宫博物院于2013年举办了旨在进一步推动文创事业发展的“紫禁城杯”故宫文化产品创意设计大赛，面向社会公众对故宫元素文化产品设计作品进行征集和评选。这在我国文博界尚属首次。本次大赛征集到了许多来自全国的从事文创产品设计工作者、大专院校师生以及文创产品研发组织的投稿作品，特别是很多参与该项活动的年轻人，他们的创意作品思路新颖独特，充满了时代气息和青春活力。故宫博物院希望通过组织“紫禁城杯”故宫文化产品创意设计大赛评选活动，在进一步提升故宫文创产品研发水平的同时，推动故宫文化创意产品的研发工作站在一个新的起点上。

2013年5月，故宫博物院经营管理处与故宫出版社、文化服务中心就制定故宫博物院举办“紫禁城杯”故宫文化产品创意设计大赛方案进行了商谈。王亚民常务副院长在会议中提出委托高校共同举办该活动。6月，遵照院领导的指示，中央民族大学美术学院院长殷会利与故宫博物院就举办“紫禁城杯”故宫文化产品创意设计大赛方案制定及委托承办进行了会谈，同时介绍了《“紫禁城杯”故宫文化产品创意设计大赛工作方案》。中央民族大学张志伟同志介绍了中央民族大学美术学院关于承办“紫禁城杯”故宫文化产品创意设计大赛活动工作的讨论情况。会议确定北京故宫文化产品开发有限公司、北京故宫文化传播有限公司、中央民族大学美术学院共同为此次活动的承办单位。以开展此次活动为契机，通过与中央民族大学美术学院相互配合，故宫博物院的文创事业工作者们不断拓展视野，努力学习社会先进的经营管理理念，并应用于故宫博物院的经营管理工作中。

2013 年 8 月 2 日，故宫博物院在建福宫花园就举办“紫禁城杯”故宫文化产品创意设计大赛召开了新闻发布会，近 30 家媒体记者出席了新闻发布会。《北京青年报》《北京日报》《法制晚报》《新京报》《中国文化报》《中国文物报》《中国艺术报》以及新华网、中国新闻网等各大媒体对新闻发布会进行了报道。故宫博物院该项赛事工作组还通过雅昌艺术网、视觉中国、视觉同盟、中国书籍设计网等网站进行了宣传。《中国文化报》《中国文物报》刊登了“紫禁城杯”故宫文化产品创意设计大赛征稿启示，故宫博物院网站、故宫微博、《紫禁城》杂志、故宫内网、故宫工会网、《故宫人》报等媒体也发布了“紫禁城杯”大赛征稿启事，大赛正式启动。

2013 年 9 月 26 日至 10 月 3 日，故宫博物院借助北京国际设计周的大好时机，开展了“紫禁城杯”故宫文化产品创意设计大赛的宣传活动。宣传团队在北京国际设计周期间，利用北京设计论坛“智慧点亮城市，设计创想未来”“大师进校园互动交流”推荐会的机会，在中华世纪坛和北京服装学院推广宣传了“紫禁城杯”故宫文化产品创意设计大赛活动。推广形式包含展示路边喷绘广告灯箱，在校园宣传栏张贴海报、摆放易拉宝，在活动现场发放海报及宣传材料、征稿启事等，引起了设计专业人才和教师、学生的广泛关注。

故宫博物院也在全国高校进行了广泛的大赛宣传活动。宣传推广工作主要采取两种模式开展：在中央美术学院、清华大学、中国传媒大学、北京理工大学等北京地区重点艺术院校（院系），以走访和粘贴海报的方式进行大赛宣传；在北京其他类院校及北京以外的全国性大学通过寄发电子邮件和纸质邮件的方式进行宣传。

加强无形资产的管理与使用，一直是故宫博物院经营管理工作的重要组成部分。1997 年，故宫博物院就成功注册了“故宫”“紫禁城”商标。随后故宫博物院不断强化知识产权管理意识，创新管理模式，制定和完善管理办法。为了展现“紫禁城杯”的品牌形象，统一、规范文创产品包装设计和使用，整合标识等核心视觉元素，对大赛的文创产品包装的设计、生产及使用进行指导，故宫博物院委托中央民族大学美术学院团队做了“紫禁城杯”标志的设计及VR系统规划。同时，大赛规定获奖的参赛作品的使用权归故宫博物院所有；故宫博物院对于其他参赛作品亦享有优先开发权。

“紫禁城杯”故宫文化产品创意设计大赛作品评选会议

本次大赛征稿的对象十分广泛，从事博物馆文创产品设计、研发的文博单位工作人员到艺术领域工作者、专业设计人员、大专院校师生以及有关文创产品研发单位等均可选送作品参赛。为了鼓励公众踊跃参加本次大赛，故宫博物院对选送的参赛作品数量也没有做限制。大赛邀请了艺术设计界、文博界的著名专家学者，故宫博物院专家、职工和志愿者代表担任评委，并邀请一些知名设计师作为特邀设计师参加大赛。

专家评审（一）

专家评审（二）

经过4个月的宣传和作品征集，“紫禁城杯”故宫文化产品创意设计大赛组委会共收到了投稿作品675件，其中包括特邀设计师作品19件，符合初审要求的作品639件，未通过初审要求的作品17件。

2013年11月28日9时，“紫禁城杯”故宫文化产品创意设计大赛作品评选会议在故宫博物院建福宫举行。活动邀请了文化部文化产业司司长刘玉珠、国家文物局副局长宋新潮、故宫研究院院长郑欣淼、著名艺术家常沙娜先生、中央美术学院奥运艺术研究中心副主任杭海、清华大学美术学院教授华健心、中央民族大学美术学院院长殷会利，志愿者代表赵黎明先生，北京市正阳公证处孙东杰先生、王雨卓女士出席了会议。

为了更好地制定作品评选标准，大赛组委会征求了多方意见，并严格依据公平、公正、公开的原则对投稿作品进行评选。首先，投稿作品所选取的文化元素应来自于故宫博物院，充分体现故宫所蕴含的文化信息，彰显故宫文化的独特魅力与内涵，其构思还要注重传统文化元素与时尚有机结合，能满足公众的文化需求。其次，参赛作品应具有较强的创意设计理念、视觉效果和艺术感染力，创意设计应具有自主知识产权，理念新颖独特，对博物馆文创产品研发工作应具有积极的导向和示范作用。再次，参赛作品的说明文字及选取元素应描述翔实，作品具有一定的审美价值和文化价值，设计应具有良好的实用价值，与公众的生活、学习、工作紧密相关，并符合相关产品的国家技术质量标准和安全标准。最后，作品的制作材料选用应合理，且便于加工制作。

每位评审专家在认真仔细观摩参赛作品后，从参赛作品的原创性、艺术性、实用性、可操作性四个方面进行评选，通过粘贴选票的方式进行投票，评委会将根据作品的最终得票情况，按照由高到低的顺序评选出金、银、铜、优秀奖作品。如遇票数相同情况，顺延排序；如遇末位并列情况，专家对末位并列作品进行再次投票，确定最终评审结果。在北京市正阳公证处公证员的监督下，经过初选、复选六轮的投票，最终评选出了金奖 3 名，银奖 6 名，铜奖 9 名，优秀奖 30 名，六名设计师获得了特邀设计师奖。获奖结果将在故宫博物院官方网站予以公布，以便接受全社会的监督。

之后，故宫博物院经过与相关部门对获奖作品进一步探讨，将部分作品进行研发并投入市场，收到了很好的社会效果。例如，云起如意领带系列产品，该获奖作品系提取故宫博物院“祥云”“福寿”图案等文化元素进行创作。经过多方对比，故宫博物院选择国内优秀的丝织品生产厂家进行生产，合理定价，受到消费者的喜爱，并作为国礼被大量采购。再如，故宫宫门箱包系列产品，此款产品一经推出就受到大量游客的关注，旺季常常脱销。2016 年，故宫博物院根据顾客的反馈意见进行故宫宫门箱包的第二代设计，在正面增加一组拉链，给人开启宫门的艺术体验感的同时也增加实用性。故宫博物院为保证还原该款产品的设计理念，经过大量基础调研，精心挑选产品的加工材料，严格把控加工流程，采用国内外先进技术，优化使用过程中的体验感，保证了产品的精美和高质量，广受业界和市场的肯定。此外还有天穹伞、龙帽、太和茶海等不少获奖设计转化为故宫博物院文创产品，在日后产品研发中也借鉴了此次大赛的设计理念，拓宽了设计思路，大大帮助和推动了故宫博物院文创工作的进步。

第五节 “紫禁城杯”中华老字号文化创意大赛

故宫博物院不断探索文创产品的开发，拉近了博物馆与公众的距离，而“紫禁城杯”中华老字号文化创意大赛的举办，正是将老字号的传承与故宫的文化创新很好地结合在了一起，有利于发挥博物馆在文化资源方面的优势，有利于充分运用老字号企业在衣食住行等各个经营领域的研发销售经验，促进博物馆文化创意事业的创新发展，进一步促进实现“让收藏在禁宫里的文物活起来”的国家文化事业发展愿景。

首届大赛的举办让老字号传统文化精髓得到传承和发扬，也让传统文化得到了创新性利用，走入了公众生活。但作为首届大赛，在活动的方方面面还存在着一些问题和不足。在总结经验的基础上，故宫博物院筹备了第二届“紫禁城杯”中华老字号文化创意大赛，在首届大赛的基础上，加入更多时代元素，让传统文化与公众生活走得更近。第二届“紫禁城杯”中华老字号文化创意大赛邀请了多位当代艺术名家与知名设计师走进中华老字号企业，帮助企业一起推动老字号产品的创新升级以及老字号品牌的全面推广，在传承老字号文化积淀和优秀产品的同时，彰显优秀传统文化的当代价值和文化产业的创新属性，让中华老字号在当代文化中焕发新的生命活力。第二届“紫禁城杯”中华老字号文化创意大赛还得到了国家商务部的支持，商务部联合国家文化部、中宣部作为联合支持单位，确定了文化传播政策导向，同时也保证了大赛中华文化产业传承的专业性和权威性。

“紫禁城杯”中华老字号文化创意大赛是弘扬传统文化精华的一次深度实践，也是文化创新继往开来的新形式。就像单霁翔院长所讲的，中华老字号既是中华传统文化的精华，又与老百姓的生活息息相关，随着社会各界对保护老字号和弘扬老字号文化越来越重视，故宫博物院也愿意贡献一份力量。

第六节 随展文创产品研发

2008 年 8 月 8 日至 11 月 8 日，为迎接北京奥运会，“天朝衣冠展”在午门城楼举办。故宫博物院开创了全国博物馆展览随展文创产品研发工作的先河，率先提取宫廷服饰中的图案精华，推出了餐桌、床榻、靠垫、披肩、服饰及手包等六大系列特色产品，并在午门城楼开设随展文创产品专卖店。随展专卖店及随展文创产品受到社会各界好评。

2015 年，为配合故宫雕塑馆开幕，故宫博物院推出系列随展文创产品，包括文具、日用品、服饰、包袋、生活用品、家居用品等六大类共 26 种。研发团队以馆藏雕塑陶俑为创意来源，研发出包括男女俑晴雨伞、牙签筒、便签夹、红酒瓶塞、桌上桌，书签、钥匙扣等多种多样的文创产品。例如，根据馆藏陶彩绘女俑和胡人俑为创意灵感设计的男女俑晴雨伞以俑头部为伞顶，伞撑为身，俑脚部为伞柄，以轻巧的玻璃钢为材质替换陶土，便于携带，做旧设计更接近

“天朝衣冠展”随展专卖店

文物质感，伞布两色设计男女皆适用。除此之外，伞撑收起可立于台面做装饰之用，兼具功能性和美观性。

另外，根据男俑女俑研发了牙签筒，其外部为玻璃钢，内部为陶瓷，确保牙签的清洁卫生，同时还可放置其他小物如花卉、文具、便签等，一物多用，广受年轻人喜爱。红酒瓶塞的设计则取材自馆藏彩绘女舞俑，手柄处为女俑舞动造型，衔接金属圆锥瓶塞。鉴于目前人们对红酒的需求越来越大，对酒瓶塞的设计和材质要求越来越高，设计者选用食物级的树脂和金属为材料，达到安全和抗氧化的效果。

为庆祝建院 90 周年，故宫博物院分别于 2015 年 9 月 8 日至 10 月 11 日和 10 月 13 日至 11 月 8 日举办“《石渠宝笈》特展”。本次特展展品包括《清明上河图》《五牛图》《游春图》《伯远帖》等近

梅花大凤披肩

海水江崖名片夹

织锦缎祥云团龙床榻五件套

手绣喜相逢红色大婚被五件套

手绣喜相逢餐桌系列

手绣齐梅祝寿餐桌系列

织锦缎喜相逢餐桌系列

织锦缎齐梅祝寿餐桌系列

织锦缎祥云团龙餐桌系列

手绣祥云团龙餐桌系列

俑仕相伴彩绘陶人俑晴雨伞

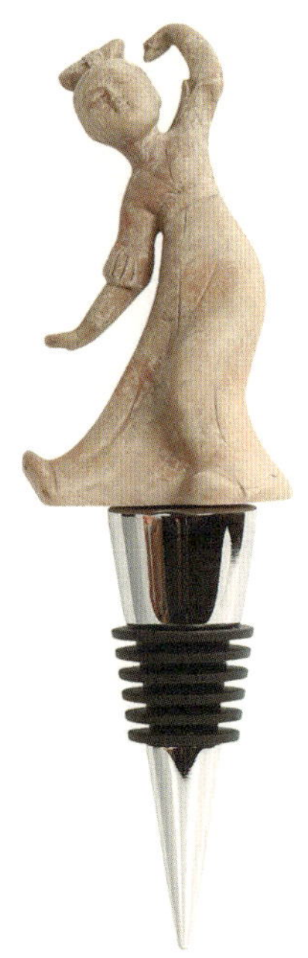

俑仕相伴红酒瓶塞

300件传世之作。为配合此次特展，针对部分展品，如《清明上河图》《五牛图》《伯远帖》等，故宫博物院研发随展文创产品50余种；推出以实用性为中心的文创产品，如名片盒、卡夹、电脑包、茶壶、茶席、台灯、长巾等品类产品，涵盖文具、茶具、纺织品、皮具、印刷品、玻璃制品等逾10个大类。与以往相比，设计者更注重了功能性和实用性，注重文创产品在生活各个场景的应用，力求落实“把故宫文化带回家”的理念；在设计上，深入挖掘重点展品内涵和细节，

彩绘伎乐女陶俑便签夹

俑仕相伴牙签筒

对图卷中的物件个体进行了还原和再创造，比如把原图中的纸伞设计成油伞台灯、将篷船做成香插、以图案再排列为基础制成丝巾和领带等，处处体现出传统文化经过现代设计之后焕发的生命力；精选各类材质，使产品更加结实耐磨，轻便易携带，价位适中，适合现代生活高品质要求，符合现代生活习惯，等等。展览期间，随展文创产品销量可观，观众好评如潮。来自观众积极的反馈激发了研发团队的热情，激励他们继续推陈出新。

为庆祝故宫博物院建院90周年，“普天同庆——清代万寿庆典展”2015年10月10日在午门开幕。本次展览藏品共400余件，内容包含清代帝后庆典盛世、宫廷礼仪、尊老敬贤的传统规矩和政治风貌。为配合本次展览，故宫博物院推出40种随展产品，产品覆盖文具、玩具、家居用品、旅行用品、厨房用具、装饰品等6个大类，在午门随展文创产品专卖店做重点销售。根据本次重点展品胡开文制大富贵亦寿考五色墨、《百蝶寿字图》、《康熙万寿庆典图》等进行重点研究学习，推出产品包括大富贵亦寿考五彩保温杯、大富贵亦寿考五彩U盘、万寿无疆钛金眼镜、朝珠环保包、万寿无疆厨房隔热套装、万寿无疆户外防晒护臂、高寿杯等。在产品设计方面，呼应展览的庆典主题和吉祥万寿的氛围，以原文物主题色调为基础，针对原文物的门类进行发散思维。例如，广受欢迎的大富贵亦寿考五彩U盘是以胡开文制大富贵亦寿考五色墨为原型，取其红、青、绿、白、藕荷五色设计图案，同时取笔墨纸砚之用途开发出更适合现代生活的U盘，不仅在外形规格上与原文物靠近，在使用价值上也沿袭自原文物并进行了延伸。高寿杯包括4只咖啡杯，创意源于重点展品《百蝶寿字图》，取其“寿”字为图案，“寿”分为四部分印于杯子之上，累叠起来即能得到一个完整的“寿”字。该产品的创意在于随着杯子的累叠有“高寿”之意，不论自用还是礼赠长辈都蕴含着祝福意味。

2017年11月“千里江山——历代青绿山水画特展”于午门盛大开幕，展览包括《千里江山图》在内的200余幅历朝历代青绿山水画卷。针对重点展品《千里江山图》，故宫博物院研发了40余种产品，品类覆盖文具、玩具、家居用品、旅行用品、厨房用具、装饰品、礼品、科技产品、印刷品、食品等10个大类，并在原有产品品类中开拓出新的类别。如本次的明星产品千里江山礼盒，内含琉璃镇纸一个，限量江山邮折一枚，便笺纸和信纸各两枚。其中，琉璃镇纸以《千里江山图》中山峦为原型，精选绿色琉璃为原材料，晶莹剔透，山石隐约可见，既可做镇纸，又可做笔山，兼具观赏价值和实用价值。同时包含中国邮政发行的《千里江山图》限量邮折一枚，随礼盒附赠，具有收藏价值。便笺纸和信纸取笔墨之下千里传情之意，鼓励人们重拾书信交流之趣。另外一款明星产品千里江山艺术桌垫取《千里江山图》局部为图案，以高档橡胶为底，环保棉布为面，色彩鲜艳明丽，将《千里江山图》的雅意浓缩于一物。与传统办公室用具的设计单一、缺少美感和装饰性相比，这款产品的意义在于兼具实用性和观赏性，举手便可将千里江山置于笔下，放松心情，舒缓压力。另外，研发团队在家居产品方面也有所创新，随展推出的千里江山异型靠枕取江山山峦局部为造型制成沙发三件套，与传统方圆形状靠枕相比，异型轮廓更具有创意，一长两短的长度设计无论置于沙发还是座椅

大富贵亦寿考五彩 U 盘

大富贵亦寿考五彩鼠标

万寿仿搪瓷杯

万寿双色皮带

都恰到好处；纯棉暗纹印花的设计更显大气古朴，颜色温暖舒缓，非常适合家居软装之用。此次随展产品取得了理想的销售成绩，其中相当一部分产品在展览结束后会持续销售。

在研发阶段，研发团队首先对展览和游客进行全面的研究，对展览主题、展览展品、展览调性、游客数量、年龄段、消费力、消费需求和消费场景等都进行了深入的了解，并和加工厂进行了细致的沟通，不仅要完成展览配套文创产品设计和功能性上的全面优化，并且要精准匹配游客需求，之后对打样工艺、生产排期、产品上市、库存核算等环节进行持续的跟进和沟通。

在销售阶段，在武英殿、午门、端门、前星门、珍宝馆、钟表馆、绛雪轩、东大房等店的重要展位均进行突出展示，完善销售计划，力求将产品线以最合理、最美观的方式进行展陈，根据产品的类别、价位、主题等元素对产品展示进行不断改进，力求将产品的设计感和实用性与游客的视觉移动和消费习惯相结合，最大化推动游客的消费行为。

千里江山礼盒

千里江山系列手机壳

千里江山艺术桌垫

千里江山系列茶具

千里江山茶套装

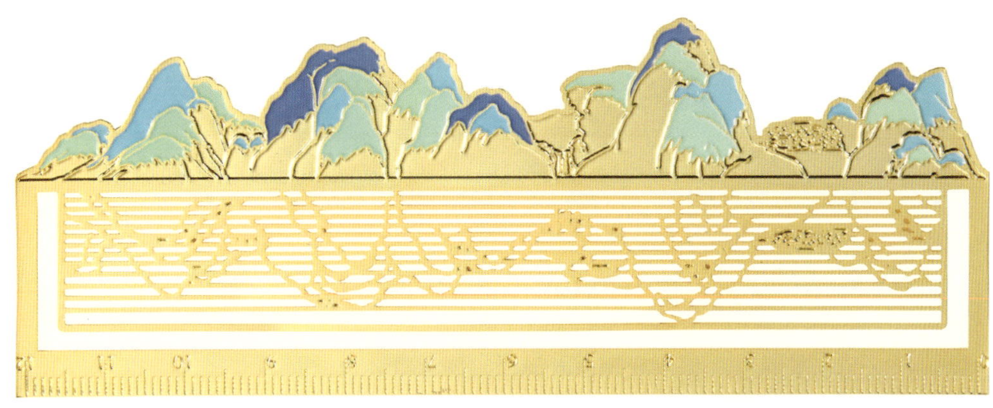

千里江山系列尺子

同时，重视对销售人员的培训，重点培训对文创产品具体信息和相关卖点的把握、对游客的精准推介和服务意识的不断提升、对游客信息反馈和紧急事件的积极处理等。

在文创产品上不断推陈出新，实行销售标准化管理，持续创新，热情服务，力求让不同年龄、不同职业、不同国籍的游客通过故宫文创产品了解故宫，爱上故宫，“把故宫文化带回家”。

第七节　文创精品介绍

宫门双肩包设计灵感来自于紫禁城宫门。宫门体现了皇家的威严高贵和气派，金俯首寓意星宿守门，吉祥如意。该产品将故宫特色建筑元素与现代时尚相结合，做工精良，品质上乘。

“紫禁城杯”故宫文化产品创意设计大赛铜奖作品——“故宫宫门”系列，从故宫宫门的建筑中提取元素，特色鲜明，实用性较强。

作为故宫中印佛像随展代表文创产品之一，我佛慈悲以“慈悲”与“瓷杯”的同音产生设计灵感，用佛祖代表长寿之意，大耳元素作为把手，杯体一面以石窟的造型放置一个可爱的佛像，合掌祈福，有“我佛慈悲，赐予福运”之意。

《海错图》是清朝康熙年间聂璜绘制的生物图册，今收藏于故宫博物院。书中图形跳脱出传统绘画的框架，活灵活现，妙趣横生，深受清朝历代皇帝的喜爱。《海错图》杯便是提取了该图册中的图形元素设计而成的文创产品。

《海错图》杯形制浑圆，为图形元素纹饰提供了充足的铺展空间；杯体略微束腰，方便了手指和掌心的拿握，提高了日常使用过程中的舒适性。

前程似锦领带设计灵感来源于故宫博物院绘画藏品《乾隆皇帝大阅图轴》中乾隆皇帝所乘坐骑。此坐骑体态神骏，威武雄壮，气宇非凡，既有康乾盛世的风范，也有运筹帷幄、决胜千里的气魄。领带以宝马的形象作为独立的设计元素，置于领带前下方，使其卓尔不凡的形象发挥得淋漓尽致，借康乾盛世，寓意我们伟大的祖国繁荣昌盛，前程似锦。

动意盎然领带设计灵感源自故宫博

宫门双肩包（一）

宫门拉杆箱

宫门双肩包（二）

我佛慈杯

《海错图》杯

物院绘画藏品郎世宁的《弘历射猎图像轴》中飞奔的白色骏马。宝马奋力疾驰，姿态豪放，动势盎然。本设计抓住其动意盎然的姿态，将图案置放于视觉下部，放眼看去宝马似飞奔向上，栩栩如生。在选色和配色时，既将原画的形象精彩再现，又融合了现代人对色彩的审美追求。色彩柔和又充满活力，配色微妙又富有变化，给人一种怡然清新的感觉。

云起如意领带设计灵感源自故宫博物院藏清代宫廷帝后服饰。清代在政治、经济、文化等诸多方面都达到了中国古代社会发展的鼎盛阶段，其服饰制度体系庞大，规制浩繁，超越了中国古代以往各个历史朝代。如意云纹是清代宫廷服饰纹样中的重要云纹，它以其富丽堂皇、雍容华贵、雄浑博大、圆润饱满、吉祥如意、生生不息的形象常伴于龙凤左右，用以表达皇家有兴风动雨的非凡能力，彰显至高无上的皇权，同时又具人文意气的优美、流畅、自由、飘逸，随心舒卷着高尚、超凡脱俗、志趣高远的内在气质。如意云纹是中华民族的文化理念与审美意识的再现。

前程似锦领带

动意盎然领带

云起如意领带

百花团圆方巾

梅兰竹菊长巾

“百花团圆”图案源于清代后宫妃子的便服石青缎绣八团花夹褂上刺绣的图案，它具有由牡丹、荷花、百合花、梅花、海棠花、蝴蝶等各种花卉组成4个风格相同但形态各异的团花结构，故取名“百花团圆”。每个团花都很灵动、通透，与以往的饱满型团花造型不同，更给人以空灵的感觉。图案布局轻松，每个团花以投影效果来衬托，有一种百花在阳光照射下影影绰绰的效果，色彩较柔和，给人以舒适温馨的感觉。

梅兰竹菊，占尽春夏秋冬，千百年来以其清雅淡泊的形象为文人所钟爱，已成为一种人格品行的文化象征。

梅，剪雪裁冰，一身傲骨；兰，空谷幽香，孤芳自赏；竹，筛风弄月，潇洒一生；菊，凌霜自行，不趋炎势。

长巾“梅兰竹菊”，取故宫书画藏品之宋人花鸟悠远恬淡的意境、清新隽永的韵味，在轻灵中见浑厚，在清旷中含深沉，亦包含了对生命的自我思考和探索。

神骏水果叉以故宫博物院藏画《乾隆皇帝大阅图轴》的元素进行设计，保留了原作品中马的神韵，造型生动形象。该产品工艺采用合金与传统陶瓷相结合，表面的真金镀层与亮亚镀层形成对比，

神骏水果叉

辅以五支精美的箭型水果叉，使产品兼具艺术性和实用性。2017 版神骏水果叉在原设计的基础上，增加了镀金箭筒，提高了产品整体美观性；5 支箭型水果叉放置于箭筒中，更加稳固，不易滑落，提高了产品的安全性。

梅花大凤系列产品以故宫藏品月白缂丝凤梅花灰鼠披氅衣为灵感，以七彩凤凰为主体图案，四周环绕梅花，风格清新秀丽。疏梅横斜，下面配以海水江崖，是典型的宫廷图案。

礼椅天下方巾的设计灵感来源于明清最有代表性的四款椅子，底纹图案选取了清代云锦图案四合云莲纹和明代丝织图案，边饰纹样结合了清代建筑彩绘旋花纹和古代传统家具的榫卯结构；整体设计创新、大胆，图案传达出中国韵味，19 套华丽配色层次丰富，几何构图极具时尚感。

瑞兽铅笔的设计灵感来自紫禁城太和殿屋脊的建筑装饰构件，例如龙、凤、狮子、天马、海马、押鱼等有象征意义的祥瑞神兽。

故宫娃娃产品是故宫博物院开发的 Q 版宫廷人物形象群组，包括皇帝、皇后、阿哥、格格、御前侍卫、大内高手、

梅花大凤披肩

礼椅天下方巾

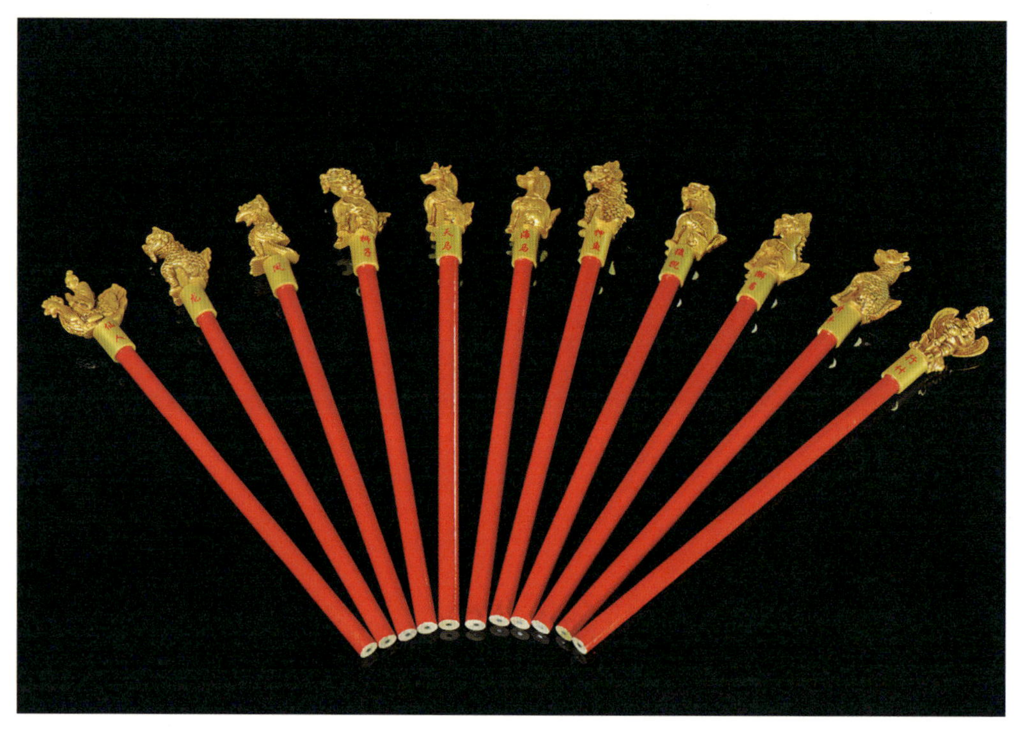

瑞兽铅笔

大臣、状元郎等。它们从不同的角度传播故宫文化，让故宫文化更活泼，更时尚，更接地气。

故宫胶带系列广受社会公众好评，成为线上线下销售的明星产品。

猫不仅可以驱除鼠害，“猫”还与指代长寿的“耄耋”的“耄”谐音，因此具有吉祥意义，不仅受到民间百姓的喜爱，在宫廷中也常见它们的身影，是常见的绘画题材。卡通化的猫更具亲和力，将卡通化的猫与橡皮、书包、玩具、手表、手机壳等产品相结合，既有趣又实用。

紫禁城铜毛笔依故宫博物院藏牌匾的云纹元素设计而成，笔中间刻“紫禁城”三字。

《十二美人图》雨伞依故宫博物院藏《雍亲王题书堂深居图屏》的人像元素设计而成，简洁而大方地将古代美人形象运用到了现代生活用品中。

竹柄直丝团扇依故宫博物院藏《花鸟图册》的图像元素设计而成，正面选用罂粟、荷花、虞美人和石竹四个图案，背面墨书清代梁诗正配套题诗。

故宫娃娃系列（一）

故宫娃娃系列（二）

故宫胶带系列

大臣猫公仔

故宫猫橡皮系列

平安书包

故宫猫——吉祥手表

紫禁城铜毛笔

《千里江山图》团扇选用宋代山水画之集大成者——《千里江山图》图案为扇面，配以传统的宋锦做边饰。扇面甄选几近失传的花罗工艺，面料轻盈舒适，扇面暗纹提花纹样的设计源于故宫博物院藏清代缠枝牡丹花罗文物。扇柄与扇架皆为紫光檀材质，质地细密，光泽温润。

海水江崖系列包袋依故宫博物院藏皇帝吉服龙袍的海水江崖纹元素设计而成，以水代江河，以石代山峦，饰龙袍之上，寓王朝“江山”，象征意义非凡。

古琴雅韵长巾依故宫博物院藏传世名琴的形制元素设计而成，以古琴为主体，辅置于梅花中。琴棋书画、梅兰竹菊，是为君子雅兴。

福字系列器物，含福字办公杯、福禄盖碗、福禄办公杯、福字杯四款，皆以乾隆御笔亲书之“福”字为灵魂，以象征福禄的葫芦贯穿器物形神，并采撷故宫红墙黄瓦之皇家色彩施朱漆釉并手工描金。

清朝皇帝开笔书写“福”字的传统始于康熙。到年节时，皇帝开笔书写“福”字赏赐大臣和内职人员。《国朝宫史》载：“皇帝以‘赐福苍生笔’书‘福’字十

《十二美人图》系列雨伞

倚榻观雀
Dressed in a Coat Lined with Fur and Regarding a Mirror

团扇（石竹）

团扇（虞美人与蝴蝶）

团扇（荷花与慈姑花）

团扇（罂粟花）

《千里江山图》团扇

海水江崖织锦缎系列产品

古琴雅韵长巾

余幅贴各宫。”“（腊月）十五、六等日，召御前大臣、侍卫至重华宫；二十六、七等日召诸王大臣、内廷翰林等至乾清宫，赐‘福’字。”大臣均以得到皇帝赏赐的“福”字为荣。

德化瓷溪茗壶产品原型来自故宫博物院收藏的御用茶壶藏品。该产品采用德化上等高岭土制作，壶身光素，手工修胎烧造，其壶身呈八字造型，曲线柔和流畅，造型浑厚朴拙，充分体现出秀巧精工的特点。其名称来源于乾隆御题《雨中烹茶泛卧游书室有作》七言诗中的名句：“溪烟山雨相空濛，生衣独坐杨柳风。”故名为溪茗壶。

双连瓶笔筒根据故宫博物院藏清乾隆时期瓷胎珐琅彩缠枝莲纹双连瓶为设计元素，瓶体质地为锡合金材料，瓶身上手工彩绘花卉图案。产品造型秀美，寓意和合圆满，缠枝莲理，吉庆平安，具有铜胎画珐琅艺术作品之效果。

兰亭锡制酒具以故宫博物院藏明洪武玉壶春瓶为元素，壶身束腰铸以《兰亭修禊图》图案。酒杯以清康熙《青花十二月令花卉纹杯》为元素，杯身分别饰以梅、兰、竹、菊纹案和《兰亭序》的经典词句“天朗气清”“慧风和畅”“茂

福

福禄杯

福字杯

福禄盖碗

福至杯

溪茗壶

林修竹”“曲水流觞”。

万福如意新年礼盒包含“万”福宫灯、春联“福”字、“如”意红包以及质感极佳的心“意”礼盒外盒。万福宫灯以激光雕刻工艺制作，是一款纸艺 DIY 拼插灯笼，展现了历史悠久、宫廷韵味浓厚的传统宫灯形象。乾隆是公认的“有福之人”，而春联福字是春节不可或缺的组成部分。该套产品中的春联选自故宫博物院藏乾隆帝手书的“福”字和书于太上皇宫中的乐寿堂的一副楹联：“丽日和风春淡荡；花香鸟语物昭苏。”楹联描写了万物复苏、欣欣向荣的繁华春景。

缠枝纹锡合金双连瓶

兰亭锡制酒具套装

万福如意新年礼盒

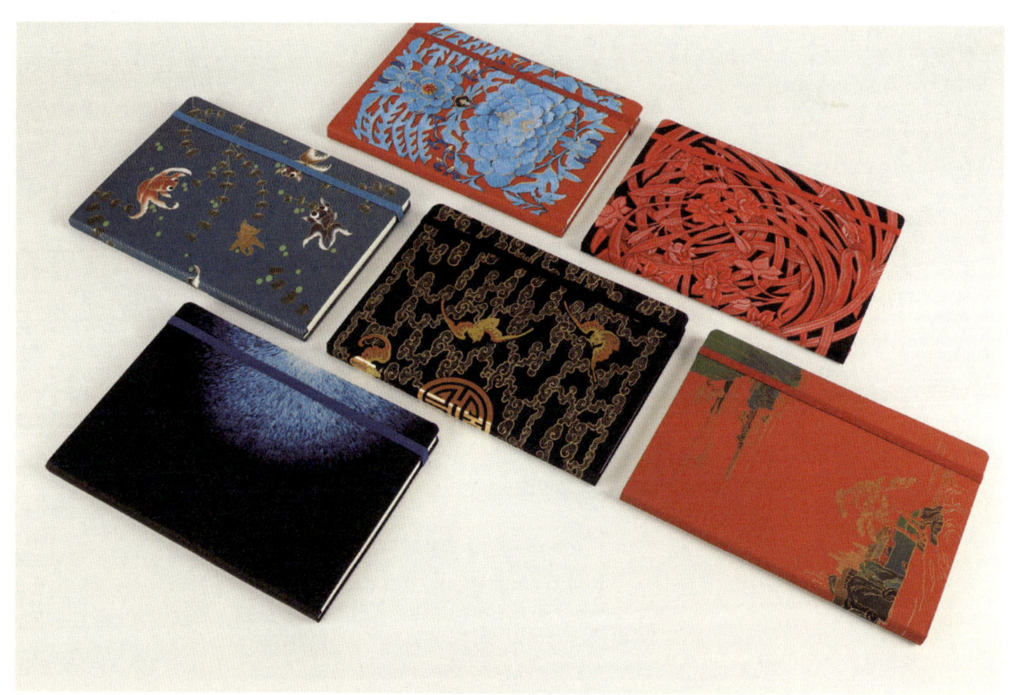

故宫笔记本（一）

春联福字均以印金云纹为地，低调中不失华丽，展现出优雅大气的皇家气息。

如意红包以象征“福”的葫芦为主要元素，结合鹿、蝴蝶、桃子等吉祥图案，呈现“福禄”“福叠”“福寿”三种祝福。

故宫笔记本封面选自故宫博物院藏清中期彩漆描金盘、明代剔红水仙花圆盘、元代钧窑天蓝窑变釉碗、清代点翠凤吹牡丹纹头面、清代掐丝珐琅圆盒内壁的金鱼纹样，运用现代工艺，实现了视觉的层次感与触觉的真实感的高度融合，与现代笔记本形式进行结合，实用且富有趣味性。

故宫笔记本（二）

藻井是建筑物室内天花如穹隆状的装饰，有“圆渊方井，反植荷蕖”之防火寓意，也象征着天宇的崇高。故宫太和殿的藻井是清代建筑中最华贵的藻井，它在八角井上加设圆井，蟠卧于中心的

藻井笔记本

巨龙，龙头下探，口衔宝珠，雕刻精妙绝伦，展现了古代工匠高超的营造技艺。藻井系列笔记本将藻井和斗拱这两种中国古代建筑的经典结构进行再设计，笔记本的珐琅扣使用专利技术金属铰链磁扣如同表链般灵活而精巧；封面采用高级触感 PU 面料，提升使用的舒适度；内页使用 100 克道林护眼纸空白内页，内页中加入了 8 幅精妙绝伦、严谨工致的清宫旧藏的建筑图样，图样融汇东西

千里江山·书峰立书签（一）

方的透视技法，展现传统的营造之道。

千里江山·书峰立书签以故宫博物院藏《千里江山图》为元素，采用铜合金激光雕刻工艺，精致实用，受到都市阅读群体的喜爱。

千里江山·书峰立书签（二）

第八节　制定《故宫博物院文创产品包装设计指南》

为了更好地传播故宫文化，树立良好社会形象，统一文化产品形象，更好地指导和规范文化产品包装设计及生产制作，故宫博物院委托清华大学美术学院平面设计系统开发研究所制定了《故宫博物院文化产品包装设计指南》。

清华大学美术学院平面设计系统开发研究所是完成2008年北京奥运会、残奥会，2010年上海世博会特许商品包装设计及应用规划的团队之一，该团队在故宫进行了多次产品调研，深度挖掘故宫蕴藏丰富的明清皇家文化元素和藏品元素，对故宫博物院文化产品标识、包装等方面的状况进行了深入的分析。在整合故宫文化产品资源的基础上，对“紫禁城”“故宫”标识等核心视觉元素进行整合规划，制定了故宫博物院文化产品包装的图形、色彩、材料、生产工艺和环保等标准。

《故宫博物院文化产品包装设计指南》以普及性产品和高端礼品两个档次为设计主题方向，以不同的产品类别为基本构架，开发了包装盒、吊卡、包装袋、外包装箱、包装纸等5种包装形式，对故宫元素进行提炼和组合，制定了故宫建筑彩绘、五彩祥云、故宫简体汉字、故宫特色元素组合、海水江崖、故宫景观线描、十二章纹等7个套系的包装方案，并在全院范围内征求了意见。

2010年12月7日至8日，故宫博物院经营管理工作座谈会举办，会议重点围绕《故宫博物院文化产品包装设计指南》议题进行。时任副院长李文儒同志，时任院长助理、院办公室主任冯乃恩同志，各部门主要负责人和相关同志参加会议并听取清华大学美术学院平面设计系统开发研究所所长陈楠教授对《故宫博物院文化产品包装设计指南》的整体情况的介绍，以及最终确定的《故宫博物院文化产品包装设计指南》推广方案。

12月8日至9日，经营管理处组织合作经营单位负责人召开了《故宫博物院文化产品包装设计指南》方案征求意见会议。会后，清华大学美术学院平面设计系统开发研究所进一步修改完善了《故宫博物院文化产品包装设计指南》。

为了将《指南》定位在扩大故宫文化影响力的深度，在全国文博行业加以宣传和推广，故宫博物院委托北京雅昌彩色印刷有限公司对《故宫博物院文化

包装袋

产品包装设计指南》和其中规定的纸质手提袋、高档纸质手提袋、无纺布提袋、包装丝带、不干胶贴纸等进行印刷生产。时任副院长李文儒同志为《故宫博物院文化产品包装设计指南》撰写序言。《指南》采用大度16开，横式四色精装印刷，内附电子文档光盘一张，外附硬封套，共计印制100册。为确保《故宫博物院文化产品包装设计指南》正确、合理、有序地应用，制定了《故宫博物院文化产品包装应用管理办法》。

设计概念：故宫代表性视觉元素组合
将故宫景物艺术元素加以集合，形成专用图案

● 核心图形：母图

● 核心图形：不同的色彩形式

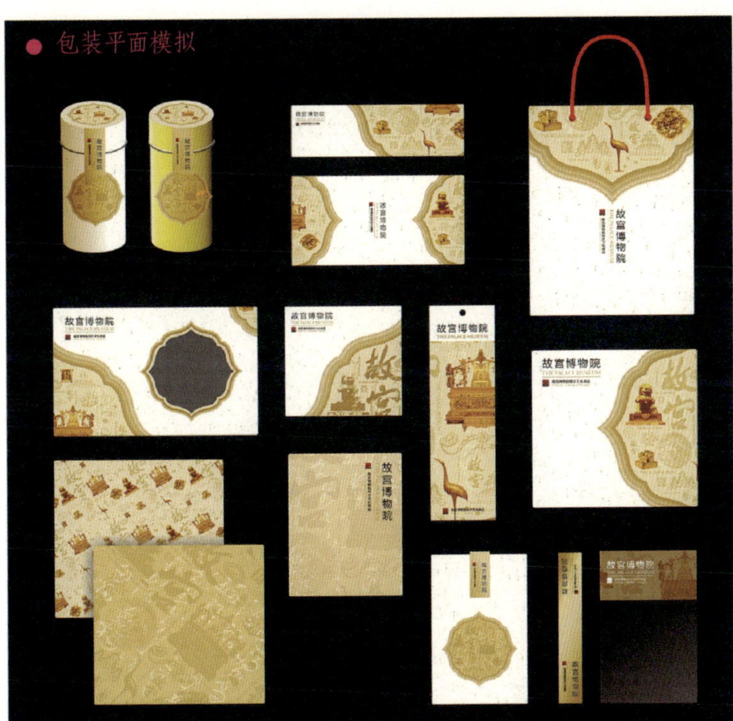

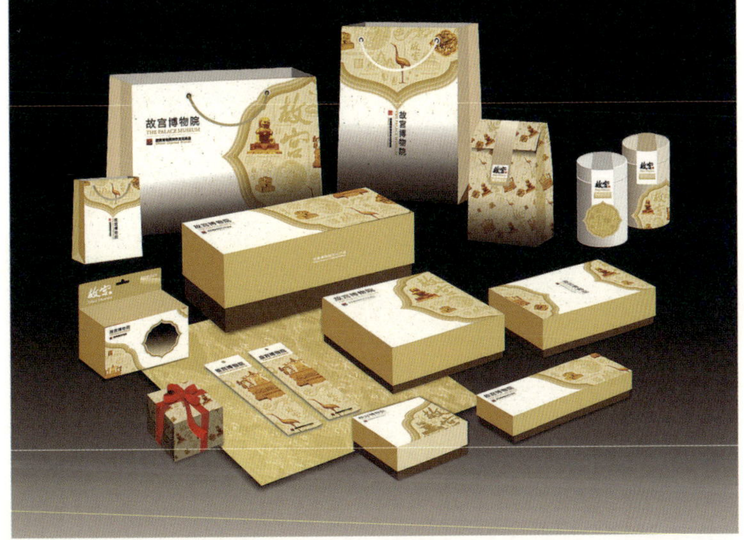

故宫博物院文化产品包装设计指南・方案

第五章

文创产品宣传推广

故宫博物院通过深入挖掘藏品背后的文化、精神、内涵，推出了众多优秀的故宫文创产品，给予消费者全新的消费体验，使越来越多的人了解到故宫的博大精深，了解了文创产品背后的文化。从传统的旅游纪念品到更加生活化的实用性文创产品，文创产品研发的力度不断加强，水平也在不断提升。与此同时，故宫博物院通过参加国内和国际的各种类型的展会，不断地推陈出新，提升设计理念，改善展示和陈列方式，向世界展示故宫文化，展示故宫博物院的文创研发水平，并在参展过程中积极与国内外各大博物馆和企业交流，学习经验，寻找不足，以获得改善和提升。

中国 – 东盟文化产业论坛（一）

中国 – 东盟文化产业论坛（二）

第一节 文创产品国内推广

一、参加 2011 年中国 – 东盟文化产业论坛

2011 年 10 月 18 日至 21 日，故宫博物院参加由文化部、国家文物局、广西壮族自治区人民政府共同举办，广西壮族自治区文化厅承办的 2011 中国 – 东盟文化产业论坛和中国 – 东盟文化产业论坛文化创意产品展示（销）活动，共选送了 30 余个品种的故宫特色文化产品参展。本届文化产业论坛共有文莱、柬埔寨、印度尼西亚等 10 个国家的代表，我国故宫博物院、中国国家博物馆、上海博物馆等 41 家博物馆代表和博物院管理者百余人参加了会议。

2011 年 10 月 19 日上午 9 时，2011 中国 – 东盟文化产业论坛开幕。时任文化部党组成员，国家文物局党组书记、局长单霁翔，广西壮族自治区人民政府副主席、党组成员李康出席了开幕式并致辞，并来到故宫博物院展台前进行视

中国－东盟文化产业论坛

察，详细了解故宫文化产品的情况，赞赏产品工艺精湛、故宫元素运用独特、物美价廉、贴近人心。

故宫博物院在本次展会上亮丽登场，受人瞩目。虽然展示产品数量不多，但以质取胜，件件产品的文化特色性、独创性、美观性、社会受众性都独树一帜。精美的特色文化产品吸引了众多观众，产品销售额是参展博物馆中最高的。参加该活动对于宣传故宫文化，扩大故宫品牌及文化产品的影响，增强经营管理自信心，提高故宫博物院文化创意产业水平，积累产品开发经验等均具有重要的意义。

二、参加“海峡两岸文博创意产业精品展”

为了进一步推动及展示故宫博物院文创产品研发工作，学习借鉴兄弟博物馆的有益经验，加强馆际之间的交流与合作，2013 年至 2017 年，故宫博物院先后参加了 3 届海峡两岸（厦门）文化产品博览交易会。

2013年10月23日至27日，故宫博物院携新研发的137款文创产品赴厦门，参加由中共中央台办、文化部、新闻出版广电总局、福建省人民政府共同主办，由厦门市人民政府、台湾亚太文化创意产业协会联合承办的第六届海峡两岸（厦门）文化产品博览交易会的“海峡两岸文博创意产业精品展”。此次“海峡两岸文博创意产业精品展”共邀请包括故宫博物院、首都博物馆、上海博物馆、山西博物院、陕西历史博物馆、台湾历史博物馆、台湾史前文化博物馆等海峡两岸20多家博物馆共同参展。

在故宫博物院参展的文创产品中，从300余款新研发的钥匙链系列产品中精选出的53款受到关注。这些钥匙链故宫元素丰富，款式各异，做工精致，价格合理，令人赞不绝口。受到关注的还有故宫博物院新研发的海水江崖织绣系列产品，该产品提取故宫织绣文物龙袍下摆的海水江崖图案元素，以明黄为主色调，采用真丝织锦缎配合真皮等材质设计了名片夹、电脑报、护照夹、纸巾盒、餐垫系列产品，整个系列设计典雅考究，宫廷韵味浓郁。故宫博物院参展产品得到了同行们的一致赞赏。

2013年第六届海峡两岸（厦门）文化产品博览交易会布展现场

2013年第六届海峡两岸（厦门）文化产品博览交易会

在博物馆展区进行展示评比活动中，各博物馆文化产品研发专家聆听了参展同志生动而精彩的介绍，使大家更加深入地了解了每件产品的研发背景和富含的故宫元素。

故宫博物院、首都博物馆、台湾历史博物馆获得一等奖，上海博物馆、山西博物院、台湾史前文化博物馆获得二等奖，陕西历史博物馆、辽宁省博物馆、广东省博物馆获三等奖，其余单位获得优秀奖。博物馆展区布陈雅致，文化气息浓厚，展示了富有博物馆特色的文化产品，被组委会授予最佳展会展示奖银奖。

此次参展，故宫博物院选送了织绣类、珐琅类、陶瓷类、首饰类、文具类、钥匙链系列、冰箱贴系列，共7类产品。在展示（销）期间，故宫博物院的展柜前总是吸引着不少观众和同行们来咨询、观摩和购买。大家赞叹故宫元素手机壳的物美价廉、海水江崖系列产品的华丽富贵、建筑元素瑞兽铅笔的创意十足、冰箱贴的独特精致、钥匙链的内容丰富。这次携带参展的文创产品只是故宫博物院新研发的文创产品中的一部分，展示的产品虽数量不多，但每件都独树一帜，故宫特色鲜明。故宫博物院在本次展会上亮丽登场，备受关注，文化服务中心研发的法式铜镀金珐琅钟在销售人员热情而真诚的推介下，以15 400元的价格售出。产品总销售额是参展博物馆中最高的。故宫博物院还将“紫禁城杯”故宫文化产品创意设计大赛的海报张贴在醒目的位置，兄弟博物馆的同行和观众都纷纷询问和拍照，并表示会继续关注故宫文创产品的研发动向。

参会期间，两岸博物馆的进步也激励着故宫博物院进一步探索和引导观众的消费需求，研发故宫特色文创产品，扩大故宫品牌及文化产品的影响，更好地提升故宫文化产品的整体水平，并以此为契机，大力宣传故宫元素文化产品，最大化满足广大观众的需求，真正做到让观众把博物馆文化带回家。

2015年10月28日至11月2日，故宫博物院携带2015年新近研发的故宫文创产品，参加了由福建省文化厅主办、福建博物院承办的第八届海峡两岸（厦门）文化产业博览交易会。此次参展展示了海水江崖系列牛皮名片夹、护照夹、钱包、晚宴包和手绣披肩；郎世宁绘画元素前程似锦和动意盎然骏马系列领带、铜制马；故宫猫卡通系列手机壳、双肩包、马克杯和手表；《石渠宝笈》系列、万寿庆典展随展产品U盘、手电筒、钥匙链、T恤。展示期间，不少观众对故宫博物院新研发的产品给予了很高的评价，尤其是海水江崖系列产品得到一致好评。故宫博物院文创获最佳创意奖。

在此基础上，2017年11月2日至7日，故宫博物院再次赴厦门参加了第十届海峡两岸（厦门）文化产业博览交易会。本次展会的“文化文物单位创意产品展”活动有故宫博物院、首都博物馆、上海博物馆等20余家文博单位参加。故宫工作组携带了2017款神骏水果叉、《海

2017 年第十届海峡两岸（厦门）文化产业博览交易会（一）

错图》系列、丝绸系列、铜器系列、雨伞系列、红包系列、冰箱贴系列、手机壳系列和纸胶带系列等 9 个系列 82 种，共 259 件（套）故宫文创产品参展。

展览开幕后，中共中央台办副主任陈元丰，民革中央副主席郑建邦，福建省委常委、宣传部长高翔，副省长杨贤金等领导和嘉宾出席并参观展览。当日，杨晓波同志应福建省文化厅邀请，作为评委参加了本次文博会“文化文物单位创意产品展”相关评审活动，并出席了第二届大学生博物馆文创艺术设计大赛启动仪式。2017 款神骏水果叉代表故宫博物院 2017 年文创产品研发工作的突出成果，参加了“文化文物单位创意产品展”评审，并获评文化创意精品奖。

在为期 4 天的展示销售中，故宫参会人员耐心地为每一位提问的观众介绍故宫文创产品所蕴含的故宫元素和历史知识，以及故宫文创事业近几年取得的突出成绩。而作为此次参展的明星文创产品，2017 款神骏水果叉被抢购一空，不少观众为没能及时购买而感到遗憾。参会人员体会到，一方面，对文创产品

2017 年第十届海峡两岸（厦门）文化产业博览交易会（二）

内涵与品质的更高追求是当今社会文化需求发展的大趋势。长久以来，“物美价廉”一直都是观众购买文创产品的核心判断要素，但在近几年的文创产品推广工作中，故宫人发现越来越多的观众对“物有所值”的关注在逐渐超越“物美价廉”。这是当今社会消费观从价格本位到产品本位转变的体现。观众愈发重视文创产品的历史性、艺术性、知识性、实用性、趣味性和环保性，近几次展会中以 2017 款神骏水果叉为代表的中高端文创产品的畅销情况充分证明了这一点。

另一方面，讲好文创产品的内涵故事可以更好地宣传故宫文创。围绕文创产品可以讲述的故事是丰富多彩的，不仅仅包括其蕴含的独特故宫元素，还包括研发过程中故宫人付出的心血。特别是神骏水果叉和故宫宫门系列等文创产品，研发人员刻苦钻研、精益求精，把“再生产”变成了“再创新”。每每讲到这些，观众都会听得津津有味，他们不只认可了故宫文创产品的内涵与品质，更认可了故宫文创人的敬业精神。每多一分了解，观众增加的不只有对故宫文创事业发展的认识，还有对文创事业发展背后的耕耘者们的敬重，而这种理解与认可也让故宫文创更鲜活、更丰满、更有价值、更有意义。

三、先后三次参加苏州文化创意设计产业交易博览会

苏州文化创意设计产业交易博览会，简称“创博会”，是经文化部批准举办的专业性强、开放度高、产业示范要求高的文化创意设计产业领域的全国性专业博览会。为了进一步推动故宫博物院文化产品研发工作，提升社会大众对故宫文化的认知度和增强对故宫博物院的了解，扩大与社会各界的合作与交流。2014 年 4 月 16 日至 21 日，常务副院长王亚民同志率领经营管理处、北京故宫文化服务中心、故宫出版社一行 27 人赴苏州参加第三届创博会。

在产品的准备方面，参会人员根据展厅的设计效果图，在全院文化产品中挑选出了 200 余款能够体现和代表故宫博物院特色的文化产品参展。为了展现良好的服务形象，故宫参会人员统一订制了工作服。故宫出版社将此次参展的文化产品编辑成精美的文化产品宣传手册。

2014 年 4 月 17 日，在王亚民常务副院长的亲自指导下，参会人员将产品以最佳角度完美地进行了展示，整个展厅的展位被充分合理地利用，不同种类的产品整齐有序地摆放，展厅整体的展示效果醒目亮丽、别具一格。4 月 17 日下午，单霁翔院长亲临展厅指导。单霁翔院长指示，故宫人要积极宣传故宫优秀的文化产品，让社会大众了解故宫文化产品研发的力度、成绩和决心；故宫博物院在文化产品开发上已经积累了很多经验，希望故宫人继续发掘故宫文化元素，研发出更多精彩的文化产品。王亚民常务副院长指出，故宫博物院参加展会，要做好品牌推广工作，始终坚持把传播故宫文化放在首位；在创意云集的展会上，故宫人要怀揣谦虚学习的态度，不骄傲自满，向好的创意学习借鉴，在我院的文化产品研发中加以应用。

2014 年 4 月 18 日上午 9 时，文化部副部长项兆伦，文化部党组成员、故宫博物院院长单霁翔，江苏省委常委、宣传部长王燕文等领导出席了第三届创博会的开幕仪式。开幕式结束后，单霁翔院长亲自向各位领导及贵宾介绍参展的文创产品，单院长的精彩介绍吸引了诸多媒体争相报道。4 月 18 日晚上的苏州电视台新闻节目播放了故宫博物院参展

故宫博物院领导视察展厅并作指示

故宫博物院领导视察展厅

的相关报道，引来观众专程找寻故宫博物院展厅。

故宫博物院展厅位于开幕式礼台左侧，展示面积为108平方米，采用了全新的设计风格，主体颜色为故宫红，配黄色海水江崖图案，皇家宫廷气息扑面而来，辨识度极高。展厅内部共分为“紫禁艺品”“天府永藏”两块展示区域。“紫禁艺品”展区内集中展示了故宫博物院新研发的服饰类、珐琅类、陶瓷类、首饰类、钥匙链系列、手机壳系列、宫廷玩偶系列共160余款富含故宫元素的文化产品，以纪念品为主，工艺品为辅。除了一直受到观众欢迎的款式各异的钥匙链系列、手机壳系列产品外，宫廷风格的首饰类产品集中展示也让文化底蕴深厚的苏州观众眼前一亮。明星产品故宫玩偶娃娃系列产品此次进行了全家福的展示，观众纷纷在这些可爱的Q版宫廷娃娃前流连。新推出的“朕就是这样的汉子”“本宫就是这样的女子”文化衫也让观众频频称赞生动有趣。这些产品做工精致，价格合理，使得大家对这些充满趣味性的产品设计赞不绝口。

故宫博物院新研发的27款故宫陶制文化产品也在创博会上首次亮相，其中既有雅致的花器、香器，亦有实用性颇强的茶器、餐具，整体风格简洁典雅，亦古亦今，并在产品的包装上进行了全方位的打造。这27款新品的亮相丰富了故宫博物院文化产品的风格与种类，受到观众热捧。

“天府永藏”展区分为图书、书画和文化产品两大部分。故宫出版社出版的经典图书深受观众追捧，除样书外，参展书籍全部售出。文化产品的选择也充分考虑到苏州本地特色以及苏州与故宫历史上的紧密关系，体现皇家园林与苏州园林相关联的《圆明园十二月行乐图》《雍正十二美人图》中的服饰与器物也多来自苏州。此外，德化瓷佛造像、御用文房之毛笔粉笺、五福五代堂紫砂茗壶等体现精致宫廷生活的文化产品很受欢迎。两大展区特色鲜明，遥相呼应，满足了不同层次观众的需求，同时得到了江苏博物馆同仁的一致好评。

2014年4月20日，为期三天的创博会落下帷幕，故宫博物院文创产品销售硕果颇丰，在销售过程中数次出现因人多排长队结算的场面。故宫博物院此次参展所售商品大多价值在30至100元区间，3天累计销售总额超过10万元。观众对故宫博物院的展品表现出浓厚的兴趣，说明故宫的品牌影响力已深入人心。

展会现场展示（一）

展会现场展示（三）

展会现场展示（二）

展会现场展示（四）

不少参展同行及产品研发专业客户希望与故宫开展各类合作，从产品研发、生产，到市场销售、渠道拓展，都进行了积极的探讨和交流。

2015 年，故宫博物院继续参加 4 月 10 日至 12 日在苏州举办的第四届中国苏州文化创意设计产品交易博览会。2015 年 2 月初，王亚民常务副院长组织经营管理处、北京故宫文化服务中心、故宫出版社的相关同志组成参展小组，并委托故宫出版社下属北京故宫文化传播有限公司负责具体参展执行工作。

参展产品以“突出文创，展现故宫新品，有利宣传故宫文化”的原则进行挑选并反复比对展品和背景的协调搭配程度。在综合考虑展示效果、市场宣传效果、现场销售等多方面因素后，最终选定包括宫门拉杆箱、朝珠耳机、福袋、故宫猫系列、娃娃系列、茶器、花器、铜器、文房、高仿书画、故宫经典系列图书等近 30 类 300 多种产品参展。工作人员开通了苏州展会微信群以便于及时发布工作信息，提前制定了媒体宣传方案，初步编写新闻通稿，准备宣传视频资料，落实播放设备、宣传册和现场活动小赠品等，并安排了专人摄影。

为了使展陈达到最好效果，参展人员专门设计了精准的展陈效果图，王亚民常务副院长审阅并提出了修改意见。最终，产品展陈分为6个区域：精品文创区、小商品区、萌萌哒区、文房区、高仿书画区、图书区。每个区域特色鲜明，价位相近，风格一致，既突出了展陈效果，又有利于分类销售。为了呈现更丰富的故宫文化，根据王亚民常务副院长指示制作了《平安如意图》图案展示灯箱，同时项目团队又重新选择了背景板喷画，除了用同样大气典雅的青绿山水绘画《山居图》来衬托书房气质外，还特别选择了清代苏州画家徐扬的《玉带桥诗意图》做展陈背景，来诠释故宫文化与苏州的历史渊源。此外，故宫角楼领带展陈设计的巧思也充分体现了故宫博物院参展团队的积极工作态度。

为了突出故宫品牌，统一形象，故宫博物院为参展工作人员设计了统一的服装。整体设计力求稳重、干练而大气。女装选用了藏青色，配色以蓝靛紫为主，雅致而含蓄，衣饰纹样选取了宫中典型的海水江崖纹，符号感强，寓意吉祥。男装简洁大方，选用传统工艺面料，凹凸的水波纹，低调中暗含着讲究，男、女装搭配和谐。

在实际的布展中，事先做好的设计图大大提高了布展的工作效率，布展工作忙碌而不忙乱。提前订制的鲜花为现场增加了艺术效果，配合适宜的灯光效果，突出了展品的展示效果。

下午，王亚民常务副院长亲临现场指导工作。王亚民常务副院长对展示效果给予肯定，对大家的辛苦劳动表示感谢。

2015年4月10日上午9时，文化部党组成员、故宫博物院院长单霁翔，文化部党组成员、部长助理刘玉珠，江苏省政府副省长曹卫星等文化部和江苏省领导出席了开幕仪式。开幕仪式结束后，单霁翔院长亲自向各位领导及贵宾介绍故宫博物院参展的文化产品，单霁翔院长的精彩介绍吸引了诸多媒体争相报道。展会上，单霁翔院长作了《把博物馆文化带回家》主题演讲，指出故宫文创要从数量增长走向质量提升，不但要追求故宫文化元素的提炼、对藏品的深度挖掘，更要注重品质。单院长的演讲受到在场观众热烈欢迎。

展会期间，故宫文创备受欢迎。故

宫博物院展厅位于开幕式礼台左侧，展示面积为108平方米。整体设计主题鲜明，主体颜色为故宫红，配黄色海水江崖图案，端庄瑰丽，辨识度极高。展厅内部分为文创产品、书画及文化产品两块展示区域。文创产品区集中展示故宫娃娃系列产品、手机壳、书签、钥匙扣等畅销精美纪念品，宫门箱包、天穹伞等精致文创用品及陶制茶器、花器、铜器等生活美学用品。书画及文化产品区呈现书房文化气息，故宫经典图书、高仿真书画及精致典雅的文化产品依次陈设。

王亚民常务副院长及有关部（处）领导到现场指导

单霁翔院长亲自向各位领导及贵宾介绍我院参展的文化产品

故宫博物院展厅外貌

故宫博物院展位现场人流超出预期，观众不仅来自苏州本地，亦有南京、无锡、连云港等江苏各地，甚至北京、福州、广东的人们来赴此盛会。宫门箱包，故宫娃娃系列，故宫猫系列，平安如意、吉祥福禄等具有文化寓意的故宫书签、钥匙扣，御笔写经的抄经套装等受到观众喜爱。观众对真丝手包、电脑包、茶器、花器、铜器的追捧充分显现了人们对雅致生活的渴求。还有一对老夫妻专程前来展厅购买宫门箱包。《故宫藏品大系》《故宫书画馆》《故宫画谱》等图书全部售出，连价格不菲的白瓷佛像、高仿书画、官瓷遗韵盖碗套装也受追捧。三天来，人潮不减，卖断了17类上百种产品，甚至有观众一连三天都来文创产品区的展柜前选购礼品。三天累计实现销售超过16万元，其中文创区10万余元，书画区6万3千余元，创历史新高。

江苏卫视、苏州广播电视台、《姑苏晚报》、《城市商报》等多家媒体采访并报道了故宫博物院的参展盛况。参展人员印制了微信二维码供观众现场扫描，并赠送十二美人书签，得到观众积极响应，三天收获六七百粉丝。根据展场情况，参展人员连夜挑选图片，编辑稿件，通过微信传播我院参展盛况，吸引更多观众到来。2016 年故宫博物院继续参加了第五届（2016）中国苏州文化创意设计产业交易博览会，展示展销的文创新品 18 个系列近 400 种产品，总数超过 4000 件。

观众争相购买故宫文创产品

苏州广播电视台采访杨晓波处长

展览集中展示了多款故宫博物院随展文创产品。《石渠宝笈》乃是皇家内府书画著录之集大成者，始于乾隆朝，终于嘉庆朝。本次杭州展也特别准备了“《石渠宝笈》展”的相关主题文创，如《伯远帖》《清明上河图》《听琴图》《五牛图》的高品质复制版、随手小卷等，同时相关藏品的铜器系列、笔记本系列、纸胶带系列、钥匙扣系列、镇尺等文房用品系列也从不同角度诠释着传世名画的动人神韵。

万寿盛典以喜庆、热烈、具震撼力的效果展示着清代帝后庆寿盛况，本次文创展品也多以清代帝王万寿庆典的贡品为元素进行创意设计，如，以乾隆青玉百寿字盖碗为原型开发的官瓷遗韵·万寿盖碗，以藏红漆嵌螺钿寿字纹炕桌、缂丝《三星图》、红漆描金福寿纹桃形攒盒元素开发的“三星集瑞”笔记本套装，乾隆御用檀木嵌玉三镶如意原版复制品等，使江南观众得以在千里之外一睹“万寿”大展的盛况。

故宫博物院拥有雕塑类文物上万余件，刚开放的慈宁宫雕塑馆展览以高品质的艺术工艺赢得广泛好评。本次杭州文创展，故宫博物院也带来了不同风格的雕塑相关文创，如，端庄典雅的德化白瓷自在观音塑像、趣味十足的俑仕相伴彩陶人俑雨伞、创意新颖的女陶俑托盘。

另外，故宫新发行的清代皇帝服饰笔记本系列、新出版的《故宫日历》都以全新的面貌迎接各位参展来宾，传达故宫文创的“皇家品位”。

通过参加创博会，故宫博物院锻炼了自己的团队，得到不少参展、办展的经验。王亚民常务副院长指出，在文化产品的研发方面，研发人员要注重拓展研发视野，避免自我封闭，对我们的文化产品要有新的认识；文化产品研发要“引进、嫁接、提高”，希望我们在今后的研发工作中，多和有实力的企业合作，通过引进优秀的产品研发理念，提高我院的文化产品研发水平；希望故宫人要在接下来的展会中调整思路，以展会为主，销售为辅，对参展的文化产品进行统一布展，达到展示宣传效果，扩大社会影响力，增强社会对故宫文化产品的认识，加深对故宫文化产品的印象。

四、先后两次参加中国（义乌）文化产品交易会

为了更好地传播故宫文化，展示故宫文化产品研发的成果和水平，扩大故宫文化产品的影响力。2014 年 4 月 25 日至 30 日，王亚民常务副院长率领参展工作人员，携带 400 多种文化产品，赴义乌参加第九届中国（义乌）文化产品交易会（简称“文交会”）。

本次文交会由文化部、浙江省人民政府、中国国际贸易促进委员会主办，中国文化传媒集团公司、中国国际展览中心集团公司、浙江中国小商品城集团股份有限公司承办，共设有文化娱乐主题馆、动漫游戏区、文化艺术精品区、版权交易区、生产性保护类非遗产品区、传统文化产品区、海外文化产品交易区等八大展区，共 2799 个展位，有 888 家单位参展。故宫博物院展厅位于文化艺术精品区，展厅面积 108 平方米。

展厅设计以故宫建筑为原型，以故宫文化为元素，充分凸显了故宫特色。在王亚民常务副院长的亲自率领下，参展人员通力合作，相互配合，对我院展厅进行布置，力求达到最佳的展示效果，打造一个富有故宫文化特色的展厅。“天府永藏”融合了《千里江山图》的背景，展示了《米芾书法全集》《故宫博物院书画院藏大系》等图书，配以五福五代紫砂壶、德化瓷佛造像和吉祥如意高仿真书画作品，凸显了故宫文化底蕴。“紫

2014 年中国（义乌）国际文化产品交易会故宫博物院展厅

禁艺品”展示了我院近期研发的各种文化产品，包括风格古朴、器型雅致的 27 款陶制茶具香器，尽显皇家高贵与大气的海水江崖丝织系列产品，以全家福的阵容亮相的故宫娃娃。

单霁翔院长亲临展厅指导。他表示，目前我国文化产品研发工作已经走出了复仿制阶段，我们要深入挖掘故宫的文化价值，研发出具有知识性、实用性和趣味性的高品质文化产品，加强与社会知名企业的合作，进一步提升我院文化产品的研发水平，丰富故宫文化内涵，把故宫文化传递到千家万户。王亚民常务副院长指出，我院文化产品开发应以本次展览为契机，加强与优秀企业的沟通，探讨文化产品研发、生产、销售方面的经验，将故宫文化产品推到“人无我有，人有我精”的新高度。《中国文化报》、浙江卫视、义乌电视台等多家媒体对单霁翔院长进行了采访。

展会期间，时任文化部部长蔡武，文化部党组成员、副部长项兆伦，现任文化和旅游部党组成员，国家文物局党组书记、局长，时任部长助理刘玉珠等多位领导和嘉宾特意来到故宫展厅参观，对故宫博物院的文化产品研发和展览形

故宫博物院领导指导参展工作

式给予了高度评价。本届文交会，故宫博物院荣获了最佳参展单位奖。

参展期间，不少观众慕名参观故宫展厅，出现了观众争相抢购故宫文化产品的场面，文化产品销售金额也不断攀升。故宫出版社的图书，除了样书外一售而空。文化服务中心的故宫娃娃系列所剩无几。经营管理处的陶制茶具香器，连同样品全部售出。3 天的展期内，我院文化产品销售总额达 10 万余元。参展过程中，有不少观众主动与工作人员进行深入交流，了解文化产品的设计理念和制作工艺。

在总结 2014 年参展经验的基础上，2015 年 4 月 25 日至 30 日，故宫博物院参加了第十届中国（义乌）文化产品交易会。为了提前做好参展准备工作，2015 年 3 月初，王亚民常务副院长召集相关参展人员，就参加本年度义乌文交会工作任务召开了工作会议，经营管理处、北京故宫文化服务中心、故宫出版社的相关领导和人员参加了会议。会议决定由三部门组建联合筹展小组，参展具体工作由文化服务中心负责。

参展人员在展前做了展区展示效果图。整个展位占地 180 平方米，在拿到

单霁翔院长向有关领导及来宾介绍故宫文创产品

现场施工设计图纸后，对每个展示区域的玻璃展柜、木格展示架、条案以及需要展示书画的各处展板逐一进行了确认，每个区域的尺寸、不同展示区的展示主题、相对应的画卷和商品均详细确定下来，大大提升了布展效率。

展区陈设设计根据故宫文创研发以及营销理念分别设计了三部分：故宫生活馆、故宫书房以及故宫体验区。生活馆当中，主要选取了2014年下半年以来的网络营销热点文创产品。故宫书房当中，以书画为主基调，凸显修身养性的生活态度。中间区域则作为体验区穿插故宫体验活动，通过展示故宫app以及互动体验，让观众在参观之余还能动手参与，增加了新鲜感和趣味性。

由第十届文交会组织策划的全国文化产业创业创意人才扶持计划大赛也在此次文交会举行。故宫博物院提交的作品和满天下杯碟组、灼灼其华玉勾云纹灯两件作品参赛。应比赛委员会邀请，参展人员参加了4月26日至30日的中国(义乌)文化产品交流会及其相关沙龙、推介活动。

4月30日，为期4天的义乌文交会落下帷幕，期间展销两旺，也为故宫博

2014 年中国（义乌）文化产品交易会颁奖仪式

物院赢得了很好的口碑。通过参加两届文交会，故宫人也得到了更多参展的经验和启示，并对文化产品开发有了新的体会。

五、参加博物馆及相关产品与技术博览会

2014 年 11 月 21 日至 27 日，故宫博物院赴福建省厦门市参加 2014 博物馆及相关产品与技术博览会（简称“博博会”）。博博会经国家文物局批准，由中国博物馆协会、中国自然科学博物馆协会、厦门市人民政府主办，中国博物馆协会市场推广与公共关系专业委员会、厦门市文广新局承办。展会在厦门国际会展中心举办，展会主题是“博物馆发展：科技创新、文化创意”。本届博博会主要活动包括我国博物馆发展建设成果展；用于博物馆领域的相关产品与技术展览展示及交流与推介；中外博物馆及国际企业项目推荐与洽谈；现场文化论坛及讲座；博物馆专场交流会等内容。活动旨在推介我国博物馆发展建设和业务科研成果，搭建博物馆相关领域新技术交流平台，促进博物馆及相关机构文化创意产品的研发和市场推广。博博会是第

一次在北京以外的城市举办，展会分为博物馆展陈设计区，博物馆相关产品与技术展示区，博物馆相关数字、网络、多媒体科技展示区，博物馆文创衍生品展示区以及国际博物馆机构展示区等10个展区，是中国博物馆协会创始以来规模最大的博物馆及相关产业的盛会。该展会共吸引了国内外近千家博协会员单位及相关机构参加，参展人员近6000人，接待观众达70 000多人。故宫博物院参加此次展会，在传播故宫文化，增强社会对故宫博物院的了解，向同行及社会展示故宫文化产品研发的成果和水平，扩大故宫文化的影响力等方面起到了积极作用。

参展前，王亚民常务副院长组织召开了参展沟通会和行前会，就展台搭建、布展参展、展品运输、参展人员服装、参展人员接待、产品撤展等问题进行了布置。在产品的准备方面，故宫博物院根据展厅的设计效果图，在全院文化产品中挑选出了400余款能够体现和代表故宫博物院特色的文化产品参展。为了展现良好的服务形象，为工作人员统一量体订制了工作服。

11月21日，全体参展人员赶赴厦门布展。本次展厅采用了可循环使用的展台，其结构布局与苏州、义乌展览一致，缩短了前期准备工作的时间，参展人员参考之前展会的经验，依照产品的更新换代，更有目的、有计划地进行展陈布置。展场布置期间，经营管理处、北京故宫文化服务中心、故宫出版社的同志们团结协作，共同努力，在王亚民常务副院长的亲自指挥下，调整了展品的摆放位置，整个展厅的展位被充分合理地利用，使得展区整体效果得到了大幅提升，文化产品得到了最完美的展示。单霁翔院长亲临布展现场视察故宫展区的布展情况，并对布展情况进行了详细了解。

故宫展厅位于展场入口正中央处，展示面积为144平方米。展示区域分为文化产品展示区、宣传教育及非物质文化展示区。故宫博物院展示的文化创意产品、文物保护修复技艺、寓教于乐的精彩活动及富含科技元素的app精彩亮相。展区特色鲜明，展品丰富多彩，满足了不同层次观众的需求。文化产品展示区内集中展示了新研发的丝绸类、服饰类、珐琅类、陶瓷类、首饰类、箱包类、钥匙链系列、手机壳系列、宫廷玩偶系列、图书、绘画等富含故宫元素的文化产品。

展览开幕后，单霁翔院长亲自向各位领导及贵宾介绍我院参展的文化产品

单霁翔院长向有关领导及来宾介绍故宫文创产品

及精彩活动。他如数家珍地介绍了2015年《故宫日历》、《五牛图》铜牛、德化瓷达摩观音等文化产品，介绍展示了故宫古书画装裱修复技艺、拓片制作技艺、古书画临摹、朝珠DIY及新款应用app。单霁翔院长的精彩介绍及故宫在文化产品上的积极创新与推广，受到了广大媒体的关注，诸多媒体争相采访和报道。中央电视台、厦门电视台等媒体播放了故宫博物院参展的相关报道，引来观众专程找寻故宫展厅。

除了一直受到观众欢迎的款式各异的钥匙链系列、手机壳系列产品外，宫廷风格的首饰类产品也让观众眼前一亮，故宫出版社出版的经典图书也深受观众追捧。故宫博物院的明星产品故宫玩偶娃娃系列产品以全家福阵容亮相，参会人员现场展示了故宫娃娃的手绘上色过程，观众纷纷在这些可爱的Q版宫廷娃娃前流连。我院展厅成了整个展会的一大亮点。到23日，朝珠耳机、故宫卡通系列T恤、《故宫日历》、《紫禁城》杂志等热销文化产品就已售罄，销售额超过12.5万。除现场销售的文化产品外，产品预定额约4.5万。参会人员克服客流量大的困难，坚持向每一位询问者介绍

单霁翔院长介绍故宫文创产品

故宫文化产品的相关信息，力求让每一位驻足的参观者都能感受故宫文化的全新魅力。为了更好地服务观众，故宫博物院展厅内进行了现场茶艺展示，观众在参观之余可以坐下来免费品尝。故宫博物院的文化产品同样得到了博物馆同仁们的一致好评，人们来到故宫展位都争相取阅文化产品宣传手册。

在宣传教育及非物质文化展示区，故宫博物院展示了利用最先进的数字化技术和设备制作的《皇帝的一天》《紫禁城祥瑞》《十二美人图》等热门下载app，在虚拟时空中打造了一座“数字故宫”。其中，《皇帝的一天》app颇受欢迎，这是故宫博物院2014年10月底推出的首款儿童类app，它以活泼的手绘画风、卡通化的宫廷人物，引领儿童深入清代宫廷，了解皇帝一天的衣食起居、办公学习和休闲娱乐。朝珠DIY活动得到了很多家长和孩子的喜爱，他们共同制作朝珠，更好地学习认知传统文化，并在体验结束后可将朝珠产品免费带走。拓片制作体验活动也吸引了很多热爱故宫的观众前来体验，他们将制作好的拓片带回家，认为这是来自故宫的珍贵礼物。书画装裱修复的同志们也在现场为观众展示了书画装裱的过程。古书画临摹活动现场同样吸引了大量的观众，为了体验这次活动，很多观众排队等候。

11 月 26 日，博博会落下帷幕，故宫博物院选送了 8 件（套）文化产品参加了中国博物馆协会文创专业委员会举办的文化产品及博物馆商店弘博奖的评选，其中，花开见佛产品获得文创产品优秀奖，朝珠耳机获得十佳文创产品奖，故宫博物院商店获得最佳文创商店奖，故宫博物院展厅获得了大赛组委会设立的最佳展示奖。

此次博博会，故宫博物院不仅展示了故宫文创事业的精彩，也在展会期间获得了一些宝贵的经验与收获。本次展会首次将贵金属制品和珠宝镶嵌制品纳入文创展示范围，故宫团队在展陈设计和展陈安全上进行了深入研究，以便在今后的展览中使其成为故宫文创展览的有机组成部分。此次展会布展期间，产品如何进行立体展示成为最新的课题，例如，此次参加展览的首饰等饰品，种类多，单品体积小，如果完全在玻璃平柜内展示，容易造成拥挤，也容易流于平庸，但背柜的高度又过高，无法展示产品细节。紧急商讨后，工作人员购买了一些人体模型，利用丝巾等产品搭配展示，做到了不同产品共同陈列的有机结合。

在销售过程中，观众对故宫文化产品的创意来源、核心文物的取材等内容表现出了极大的兴趣，而传统的纸质介绍模式已经很难满足观众的需求。本次展会，故宫博物院首次尝试在展厅内悬挂电视播放文化产品视频，通过声光电进行从文物到创意的全过程展示，极具眼球效应。这次成功的尝试，让故宫博物院有信心在未来的展览展会上采用更加现代化的展示方式，以满足观众的需求。

在紧张的展会期间，参展人员到展厅其他博物馆及弘博奖设展的展厅进行展陈、展品的参观与学习。每家博物馆都展示了各自的特色文化产品，各博物馆每年研发的新产品层出不穷，其中不乏精彩之作，促使故宫团队不断提高文化产品的研发能力。

12 月 8 日，王亚民常务副院长组织召开了参加博博会的工作总结会议。各参会部门将此次参展得到的经验做了总结汇报。王亚民常务副院长对大家的工作给予了极大的肯定，并对故宫博物院的文化产品研发工作提出了几点希望：在我院的文化产品研发事业上要有新的认识。我们作为故宫文化的传播者，要

2014 年博物馆及相关产品与技术博览会

站在国际的高度上看待问题、积极创新与思考，随着故宫博物院事业的发展，平台和格局的开阔，要将故宫的文创事业做大做强。我院的工作一方面是文物保护，一方面是文创产品研发，而展示文化产品是传播故宫文化的最主要途径。希望在今后的工作中，在产品展陈方面做出提升，关注细节，充分体现故宫的文化和审美标准。在文化产品的研发方面，研发人员要注重拓展研发视野，避免自我封闭；多与社会知名企业和专家进行高层次的合作，提高我院文化产品的研发能力。今后故宫人要怀揣谦虚学习的态度，不骄傲自满，注重拓展研发视野，继续发掘故宫文化元素，研发出更多精彩的文化产品。

六、参加第三届中国西藏旅游文化国际博览会

应中国西藏旅游文化国际博览会组委会的邀请，文化部党组成员、故宫博物院院长单霁翔，院长助理刘文涛，院长秘书周高亮，经营管理处杨晓波、刘松林等同志，于 2016 年 9 月 9 日至 16 日赴西藏自治区拉萨市参加第三届中国西藏旅游文化国际博览会（简称“藏博

会”）。单霁翔院长在藏博会上做了《让文化遗产“活起来”》的主旨发言，感动了全场与会代表。为配合藏博会，故宫博物院在大会分会场布达拉宫珍宝馆展销了故宫文创产品。

第三届中国西藏旅游文化国际博览会以“人间圣地·天上西藏”为主题，包括会展表演、论坛演讲、展览展示、产品展销、投资洽谈、学术交流等方式，旨在集中展示西藏的自然风貌和传统文化，生动具体地交流世界旅游目的地、中华民族特色文化保护地建设经验，深入探讨中华民族伟大复兴中国梦背景下西藏旅游文化及经济社会持续健康发展的方向，促进西藏旅游文化的发展。布达拉宫珍宝馆作为藏博会的分会场，集中展示近年来西藏地区文博单位的文创产品研发成果。

在与第三届藏博会组委会和布达拉宫管理处对接人员确认展区相关情况后，故宫博物院指派专人负责参展事宜。在充分考虑西藏本地独特的历史、宗教和民族文化后，从故宫文创产品中筛选了海水江崖系列、如意琉璃系列、铜器系列、丝绸系列、故宫猫系列、宫门箱包和观音像等，共计 128 款文创精品。

根据藏博会组委会和布达拉宫管理处的安排，布展工作于 9 月 10 日开始。为了充分利用空间和现有设备，使文创产品得到最好的展示效果，工作人员对展陈方案进行了调整，踩着椅子逐个调整射灯位置，裁剪鲜花装点展品，从屋外搬入绿植布置展区。同志们克服了时间紧、任务重的困难，在下午完成了布展工作。布展期间，文化部部长雒树刚、文化部部长助理于群、国家文物局副局长顾玉才、西藏自治区副主席甲热·洛桑丹增等领导，在单霁翔院长的陪同下来到了故宫文创产品展区视察参观，雒树刚部长高度赞赏了故宫文创产品。展览期间，西藏自治区政府有关领导、参加藏博会的各位嘉宾以及自治区各文博单位领导，陆续来到故宫博物院文创产品展区参观。

这是故宫博物院首次参加中国西藏旅游文化国际博览会，在完成参展任务的同时，获得了宝贵的参展经验和有益的工作体会。参展人员对赴西藏展销的文创产品进行了认真细致的选择，充分考虑了西藏特殊的人文历史环境和藏族人民的生活习惯，几次修改产品方案，所以，此次参展的文创产品能够得到西藏观众的认同和喜爱。布达拉宫提供的文创产品展示区域，条件比较简单，各项设施不足，参展人员通过重新调整展柜位置和拆分展柜，充实了展场空间；采集花卉和布置绿植，装点了产品和美化了环境；逐一调整射灯位置，改善了灯光效果；充分利用墙面空间，使文创产品的展示得到了较好的呈现效果；通过发放故宫特色冰箱贴和文创产品集萃的形式，引起观众对故宫文创的兴趣，拉近彼此的距离，进而通过以产品讲故事的形式，使观众更深入地了解故宫文创和故宫文化。参展工作中得到的宝贵的经验和体会，对进一步推进文创产品的研发和推广工作具有积极的意义。

七、参加中国（杭州）文化创意产业博览会

杭州文博会是经文化部批准举办的专业性强、开放度高、产业示范要求高的文化创意设计产业领域的全国性专业博览会。2015 年 10 月 15 日至 19 日，应第九届（2015）杭州文化创意产业博览会组委会邀请，故宫博物院常务副院长王亚民带领参展团队，携最新文创产品赴杭州参展。本次故宫参展有文创新品 18 个系列近 400 种产品，总数超过 4000 件。适逢故宫博物院成立 90 周年，参展文创品主题均与故宫博物院 2015 年度大展密切相关。

故宫展位以典雅的设计、充满创意的产品吸引了大量的参观者，而亮点在于将故宫正在展出的几个大展以文创的形式延伸到故宫之外。

在故宫，传世书画经典如《伯远帖》、《清明上河图》、冯承素摹《兰亭序》、《听琴图》等亮相“《石渠宝笈》特展”，掀起了观众如潮般的观展热情。此次参展，“《石渠宝笈》特展”的相关主题文创产品，如《伯远帖》《清明上河图》《听琴图》《五牛图》的高品质复制版、随手小卷等均登场亮相，同时相关藏品的铜器系列、笔记本系列、钥匙扣系列、镇尺等文房用品系列也从不同角度展示了动人神韵。《清明上河图》以其特有魅力，使杭州市民纷纷慕名前来，虽无缘得见真迹，高仿真复制品也同样牢牢锁住了观众的目光。

万寿盛典以喜庆、热烈、极具震撼力的效果展示着清代帝后庆寿盛况。本次参展的文创产品也多以清代帝王万寿庆典的贡品为元素进行创意设计，如，以帝王服饰为元素的海水江崖系列丝绸产品，以乾隆青玉百寿字盖碗为原型开发的“官瓷遗韵·万寿”盖碗，以藏红漆嵌螺钿寿字纹炕桌、缂丝《三星图》、

2015 年中国（杭州）文化创意产业博览会

红漆描金福寿纹桃形攒盒元素开发的“三星集瑞”笔记本套装及乾隆御用檀木嵌玉三镶如意原版复制品均现身展会，使江南观众得以在千里之外一睹“万寿”大展的盛况。

故宫博物院拥有雕塑类文物上万余件，刚开放的慈宁宫雕塑馆展览以高品质的艺术工艺赢得广泛好评。本次杭州文创展，故宫博物院也带来了不同风格的雕塑相关文创，如端庄典雅的德化白瓷自在观音塑像、趣味十足的俑仕相伴彩陶人俑雨伞、创意新颖的女陶俑托盘。

展会期间，单霁翔院长也拨冗赴杭，为文博会带来《文化创意架起沟通的桥梁》的精彩演讲，并亲临故宫展台现场为媒体朋友和观众讲解故宫文化展品。

在杭州创意设计中心开园仪式暨 2015 杭州 – 台湾“创意对话创意”高峰论坛上，王亚民常务副院长作《抓住机遇，开拓创新——故宫文创的现在和未来》主题演讲，阐述了博物馆文创事业的重要性，介绍了国家领导人对故宫文创的高度期许和大力支持，同时着重分享了故宫文创的经营理念、最新成果和发展蓝图。与会者反响热烈，大受鼓舞。

同时，故宫博物院（杭州）文化创意中心落户杭州亦成为本次文博会一大亮点。杨晓波处长代表故宫博物院在签约仪式上签字，现场浙江省及杭州市各级领导、博物馆界同仁、文化产业同行及众多媒体一起见证了这一盛况。16日下午，杨晓波处长、刘松林副处长及出版社社长助理钱传强一同参加了博物馆文创产品研讨会，杨晓波处长在会上发言。

前后五天的展期，虽比以往展会时间长，但故宫参展团队面对始终热情的参展观众，也一直保持着昂扬士气，热情洋溢地为观众介绍故宫文化，介绍故宫文创产品，每天迎来送往，乐在其中。故宫博物院本次带来的《清明上河图》复制版无论画面色调、层次，还是装裱都最大限度接近原作，它也赢来了最多关注的目光。故宫特为此次文博会制作了一批传世经典藏画的简装版，吸引了很多书画爱好者在此流连忘返。"萌萌哒"的故宫娃娃、钥匙扣等历来是故宫文创中最吸引眼球的明星，它们也和故宫文化一起走入寻常百姓家。而海水江崖款的新版卡包、钱包、护照包等典雅的商务随身必备品吸引着白领的驻足。故宫博物院特意将新发布的清代皇帝服饰带到会场上，很多小朋友、大朋友都围在iPad前，体会新媒体时代的"宫廷范儿"。根据清代皇帝服饰研发的笔记等纸制品，质量精美，风雅端庄，属于紫禁城中的"文艺范儿"代表，特别受一众青年才俊的喜爱。俑仕相伴彩陶人俑系列文创新品，以其美好寓意、造型超酷、创意十足，在展会刚过半程就已销售一空。对于这些不同风格的故宫文创衍生品，观众不仅被吸引而驻足品赏，更是纷纷"把故宫文化带回家"。参展团队还别出心裁，身背大红宫门背包，手拉宫门箱在展厅内玩起了走秀，现场气氛一下就热烈起来。5天来超过23万元的文创产品销售额，是杭州观众喜爱故宫文化、支持故宫文创的最好证明。

展会期间，来自杭州电视台、杭州广播电台等众多媒体均把故宫展位作为重要宣传对象，从第一天的专业场采访，到最后一天对故宫展位参展观众的采访，对故宫文创的关注持续不断。故宫展宣人员精心撰写发布的《故宫文创精品开启杭州行》《杭州文博会上细品皇家藏画》《寻找故宫的"福"与"寿"》《在江南"把故宫文化带回家"》几个主题微信也起到了极佳的宣传效果。

在总结参加2015年中国（杭州）文

杨晓波处长接受采访

化创意产业博览会的经验，进一步提升文创产品研发能力和参展水平的基础上，2017 年 9 月 21 日至 25 日，故宫博物院参加了第十一届（2017）杭州文化创意产业博览会，携带了手机壳、书签、钥匙扣、行李牌、团扇、瓷器、铜器、纸胶带、雨伞、《海错图》等 13 个系列共计 339 种，近千余件（套）故宫文创产品参展，其中 2017 款神骏水果叉、惠风和畅长巾和一团和气方巾是首次在国内外同类展会中亮相。

为了使观众能够近距离接触故宫文创产品，以便更好地宣传和推广故宫文化，故宫博物院文创展厅此次采用了半开放式的设计方案：展厅上方为圆形顶棚，以四面的方形立柱为主展柜，主展柜四周用八角形展台围合；在展厅的一角，设置了虚拟院藏文物触摸屏展示墙，并配有故宫 app 互动展示区，方便观众通过多种方式了解故宫藏品和故宫文化；展厅的茶文化休憩区域，配以《十二月行乐图》屏风，半围合的空间便于会议洽谈。在文创产品的展示效果上，也做了一定的提升，例如：为文创产品制作了一系列中英文双语说明牌，在观众较多的时候，便于观众通过说明牌了解产品及其背后的文物知识；为《十二美人图》雨伞专门定制了展示底座，使之既可以稳定放置在展架上，又消除了潜在的安全隐患；为活跃展厅气氛，选择不同种类的绿植和花卉装点在展厅各处，使展厅整体氛围更具生机，部分文创产品的展示效果也因此更具生活气息。

四面主展柜分别展示丝绸、瓷器、铜器、《十二美人图》雨伞、钥匙扣和书签系列文创产品；四周的展台上陈列了广受观众喜爱的手机壳、胶带、团扇等系列文创产品；故宫 app 互动展区展示了《胤禛美人图》《皇帝的一天》《韩熙载夜宴图》《紫禁城祥瑞》等 7 款 app 应用，以满足不同年龄层观众的体验需求。

2017 年 9 月 21 日，博览会正式开幕。期间，浙江新闻、杭州新闻、网易新闻、海峡卫视等多家媒体对故宫博物院参展情况进行了详细的报道。9 月 23 日，参加中国 – 中东欧文化合作部长论坛的各位领导和嘉宾莅临故宫文创展厅参观指导，文化部雒树刚部长对故宫文创产品的设计形式表示肯定，赞赏故宫文创产品研发得好、推广得好，并希望故宫博物院继续紧抓文创产品研发工作，切实让院藏文物“活起来”。展览期间，浙江省委常委、宣传部长葛慧君，省委常委、杭州市委书记赵一德，杭州市委副书记、市长徐立毅等领导先后到故宫博物院文创展厅参观。

参展期间，故宫博物院文创展厅始终人气旺盛，吸引了大量国内外观众，参加中国 – 中东欧文化合作部长论坛的斯洛伐克共和国代表，在结束会议后专程前来购买天穹伞；很多参观展会的国内观众，专程前来购买故宫文创产品。纸胶带系列、2017 款神骏水果叉和喜字纹铜碗，在展会开幕当天即售罄，《海错图》杯垫、手机壳、钥匙扣、行李牌和书签等系列产品也所剩无几。故宫文创产品的展示销售工作，在获得巨大社会效益的同时，也收获了可观的经济效益。

八、参加第三届中国非物质文化遗产传统技艺大展

2017 年 9 月 6 日至 13 日，应黄山市人民政府的邀请，故宫博物院参加了由安徽省人民政府主办，安徽省文化厅、黄山市人民政府共同承办的第三届中国非物质文化遗产传统技艺大展（简称“非遗大展”）。该展以“为民族传承，为

第三届中国非物质文化遗产传统技艺大展故宫展馆（一）

生活创新”为主题，分别举办了非物质文化遗产传统技艺展、明月清风——故宫博物院藏新安八家书画展（简称“明月清风展”）、歙砚传统技艺大赛和徽派传统工艺振兴论坛等活动，并引起了人民网、新华网、《安徽日报》、合肥在线、《江淮晨报》、《市场星报》等媒体的广泛关注。

9月8日上午，非遗大展与明月清风展相继开幕，文化部党组成员、故宫博物院院长单霁翔作为特邀嘉宾，分别出席了非遗大展和明月清风展的开幕式，并在明月清风展开幕式上致辞。当日下午，故宫学院（徽州）讲座隆重开场，单院长作了《坚持文化自信——做中华优秀传统文化忠实守望者》的专题报告，安徽省政府、安徽省文化厅、黄山市有关领导聆听了报告。随后，在与相关媒体的采访交流中，单院长谈道：500多年来，故宫与徽州地区保持着密切的文化联系。比如紫禁城营造，大量使用了徽州古建筑建造工艺和保护技术，而在宫廷生活中，戏曲、文化用品等源源不断进入故宫，把徽州文化带入了故宫。这些密切的文化联系一直传承到今天，凝结在古建筑和文物藏品中。故宫博物院

第三届中国非物质文化遗产传统技艺大展故宫展馆（二）

成立 92 年来，十分注重征集文物，其中有相当数量的文物来自于徽州地区，延续了徽州与紫禁城紧密的文化联系。正是因为这些文物藏品，有了这些文化渊源，我们要有更好的合作关系，把它们保护好、传承好，让它们更具有生命力。长期以来，黄山市致力于文化遗产保护传承、文化旅游发展等，积累了大量的经验，对于故宫博物院将有帮助，双方加大合作会产生 1+1 大于 2 的效果。

为配合此次非遗大展，故宫博物院组成工作小组赴黄山市屯溪区，在黄山市城市展示馆内进行为期 5 天的展示展销。此次参展，工作组携带了故宫宫门系列、《十二美人图》系列、《海错图》系列、丝巾系列、茶具系列、团扇系列、手机壳系列、T 恤衫系列等 18 个系列 386 种，共计 1560 件文创产品。

9 月 8 日非遗大展开幕当天，文化部党组成员、故宫博物院院长单霁翔，文化部党组成员、副部长张旭，文化部非遗司司长陈通，文化部产业司巡视员高政以及安徽省政府、安徽省委宣传部、安徽省文化厅、黄山市委、黄山市政协等相关领导先后莅临故宫博物院文创产品展厅；来自全国的非遗专家、非遗传承人，安徽省内各市文化部门负责人等，也相继前来展厅观赏并购买我院的文创产品。

在为期5天的展示展销中，故宫博物院展厅人潮不断。天穹伞、故宫宫门箱包、《十二美人图》系列是广大观众最感兴趣的文创产品，《十二美人图》系列以其物美价廉的优势，稳居畅销文创产品榜首。展会期间，多种故宫文创产品销售一空。

通过参加此次非遗大展，故宫博物院不仅向广大观众展示了珍贵的院藏文物，还向大家展示了优秀的文创产品，展现了高超的创意设计水准。与此同时，我们也了解了以黄山市群众为代表的、文化底蕴较为深厚的地区的群众对文创产品的需求。工作中得到的宝贵的经验和体会，对进一步推进文创产品的研发和推广工作也具有积极的意义。

九、参加2017（济南）国际文物保护装备博览会

2017年10月18日至23日，故宫博物院参加了2017（济南）国际文物保护装备博览会。本次展会有山东省博物馆、山东省文物考古研究院等40余家文博单位和来自德国、法国、日本及我国北京、上海、广东、香港等地的200余家展商共同参展。此次参展的故宫文创产品包括2017款神骏水果叉、故宫宫门、《十二美人图》、《海错图》、《千里江山图》、丝绸、御窑瓷器、铜器、首饰、铅笔、冰箱贴、行李牌、书签、钥匙扣、手机壳和纸胶带等16个系列318种，共1206件（套），同时带有《胤禛美人图》《韩熙载夜宴图》《皇帝的一天》《紫禁城祥瑞》和《每日故宫》共5款故宫app供观众体验。

10月20日上午，博览会在山东省济南市舜耕国际会展中心正式开幕。国际博协副主席、中国博物馆协会副理事长兼秘书长安来顺先生，中国文物信息咨询中心副主任邓贺鹰先生和中国文化遗产研究院副院长马清林先生等相关领导、专家一同出席了开幕式。领导和专家们在参观故宫博物院文创产品展厅时，纷纷赞扬故宫文创产品的研发理念，并对参展同志的精神面貌表示肯定。其他参展人员也对我院文创产品研发与推广工作表达了钦佩之情。参展期间，参展人员热情又耐心地为观众讲解文创产品所蕴含的故宫文化元素和人文历史知识，这些讲解宣传不仅仅为观众提供了近距离接触故宫文化的机会，更为部分观众带来了第一次接触故宫文创、感受故宫

文化的新鲜体验，对进一步推进故宫文创事业的发展、传播故宫文化、弘扬中华优秀传统文化都具有积极意义。

在为期3天的展示销售中，故宫博物院文创产品展厅充分展现了故宫文创产品研发工作的新成果、新面貌，前来观展的观众纷纷在故宫博物院展厅驻足，甚至有观众多次前来购买文创产品。2017款神骏水果叉以其精美的外观和实用的设计得到了众多观众的喜爱；书签系列、钥匙扣系列和纸胶带系列的文创产品则凭借其物美价廉的优势，成为本届博览会中最畅销的文创产品。

十、参加2017青岛国际文创产品博览周

为展示全国文化文物单位文创产品开发的成果，让大众更好地体验“让文物活起来”，同时达到交流互鉴、共同发展的目的，根据《国务院办公厅转发〈文化部等部门关于推动文化文物单位文化创意产品开发若干意见〉的通知》的精神，2017年12月15日至18日，故宫博物院与青岛市人民政府在青岛国际会展中心联合举办2017青岛国际文创产品博览周。本次文创博览周汇集了以故宫为主的全国博物馆文创产品开发试点单位的优秀文创产品以及来自德国、日本等国的文创产品。

故宫博物院参展团队先期派人赴青岛国际会展中心进行场地考察，与组委会工作组就整个展场的规划做了充分讨论，对展场整体布局及故宫博物院展位位置、大小等达成了共识。根据考察结果，杨晓波处长专门召集工作组人员开会讨论展位的设计和展陈效果，对我院展位设计做了适当微调，就展陈布置、展品备货等具体问题做了详细的部署。

12月14日下午，王亚民常务副院长亲临现场指导布展工作，调整陈设，增强现场艺术效果，使得布展工作顺利完成。之后，王亚民常务副院长组织召开了工作会议，对参展工作提出了具体意见和建议。

此次博览周，故宫博物院展区占地面积近600平方米，汇集了近年来研发的2017款神骏水果叉、《千里江山图》系列、《海错图》系列、《十二美人图》系列、红包系列、首饰系列、冰箱贴系列、行李牌系列、钥匙扣系列、手机壳系列、纸胶带系列、《故宫日历》及山水、花鸟、人物、节庆题材的故宫书画复制品等22个系列、258种，共1962件（套）故宫文创产品。展区分设文创产品区、高仿

王亚民副院长亲临现场指导工作

书画区和陈设空间体验区。每个区域特色鲜明，风格一致，既突出了展陈效果，又有利于分类宣传销售。

15 日上午，2017 中国青岛国际文创产品博览周开幕式在青岛国际会展中心 1 号馆举行，青岛市委常委、副市长王家新，故宫博物院常务副院长王亚民致开幕辞。开幕式后，领导们移步故宫博物院展区参观，故宫出版社总编辑、北京故宫文化传播有限公司董事长刘辉为各位领导嘉宾做整体介绍。故宫博物院展区高雅的陈设、精美的文创产品得到了青岛市政府领导的一致好评。

15 日至 18 日的展会期间，观众络绎不绝。故宫博物院多位专家学者亲临现场，为观众做瓷器、书画、玉器、家具等方面的专业知识讲座。常务副院长王亚民在《展览坚持为人民服务的原则》报告中指出：为人民服务不是一句空话，它是展览宗旨，是展览的根本。观众历来是展览效果好坏的唯一评判者。走进人民，切近生活，是展览工作的基本态度。展览文物，不是通过概念对文物进行简单摆放，而是通过文字、颜色、声音、情节、画面、图像，尤其是情感等进行艺术再现。文物的色彩有多斑斓，展览

2017 青岛国际文创产品博览周故宫展区（一）

的色彩就应该有多斑斓；文物的情境有多丰富，展览的情境就应该有多丰富；文物的韵味有多淳厚，展览的韵味就应该有多淳厚。

器物部主任吕成龙做了《略谈如何欣赏中国古陶瓷》的精彩报告，他结合自己 33 年从事古陶瓷研究的心得，从造型、釉质和装饰三个方面，为观众带来一场如何欣赏中国古陶瓷的文化盛宴。器物部专家徐琳做《乾隆玉器鉴赏》的报告，为观众阐述“乾隆工”的概念以及乾隆时期的玉料来源，用大量图片向观众展示了乾隆时期的玉作，详细讲解乾隆时期玉雕的工艺特征及玉器分类，带领观众一起感受乾隆皇帝的艺术品位。宫廷部主任王跃工做《智珠心印证菩提》的报告，结合扎实的史料、档案与丰富的图片资料，向听众详细介绍雨花阁的历史渊源，建筑、文物及宗教背景、内涵。宫廷部家具专家宋永吉做《中国古代家具文化》的报告，在讲座中对两百件具有代表性的古代家具进行梳理解读，使观众了解中国传统家具发展史。书画部副主任汪亓做《走近赵孟頫》的报告，从多角度向观众介绍了这位艺术巨匠的生平与艺术面貌，以及“赵孟頫书画特展”

2017 青岛国际文创产品博览周故宫展区（二）

2017 青岛国际文创产品博览周故宫展区（三）

2017 青岛国际文创产品博览周故宫展区（四）

的亮点与看点。五场精彩讲座，座无虚席，观众反响热烈。讲座结束后，还有意犹未尽者，积极与专家交流请教。

博览周设立了“中华手作”设计奖、“中华手作”创新奖、“中华手作”形象奖、最佳展示奖、最佳销售奖、最佳服务奖、优秀组织奖等奖项，邀请业内知名专家对参展作品进行评选。作为评审会评委之一的杨晓波处长，带领委员们对每个展位进行了细致的考察调研，交流文创工作，并分享故宫文创工作经验。故宫参展团队全体成员商议后，决定为更好地支持青岛市的工作及支持文博文化系统兄弟单位的文创工作，放弃参加各奖项的评选。此决定得到评审委员会及参展各单位的理解和赞赏。

博览周期间，光明网、凤凰网、青岛广播电视台、《青岛日报》、腾讯视频等多家媒体采访并专题报道了故宫博物院参展盛况。参展工作人员每日编辑组稿、挑选图片，通过微信传播参展盛况，吸引更多观众到来。

故宫博物院展区设计布展在这次博览周中得到了青岛市政府的高度认可，

2017 青岛国际文创产品博览周故宫展区（五）

2017 青岛国际文创产品博览周故宫展区（六）

故宫博物院的文创产品受到青岛观众的热捧与青睐。4天累计实现销售超过13万元，其中文创区近5万元，书画区8万余元。“萌萌哒”的书签、钥匙扣，“美到哭”的手机壳，“厉害到飞起”的故宫胶带向来是最受欢迎的文创产品，开幕当天，展示在货架上的这些商品很快销售一空。

第二节 文创产品国际／香港推广

一、先后四次参加香港国际授权展

2015年1月10日至16日，故宫博物院参展团队携带141件（套）文创产品，首次赴香港参加了2015年香港国际授权展。

香港国际授权展是亚洲地区规模最大的授权展。吸引了来自世界各地超过100个国家及地区的1800余家企业参展。2015年香港国际授权展展区划分为中国内地馆、英国馆、中国台湾馆、泰国馆、马来西亚馆等多个展区。中国内地馆由文化部主办，故宫博物院展厅位于中国内地馆内核心区域的特装展位，展厅面积60平方米。展厅采取半开放式格局，以红色为主色，配以黄色院徽标识，整体设计风格简洁而大气。故宫博物院展厅吸引了许多企业前来洽谈交流，也得到各界领导的关注，众多媒体争相报道，并且给予了较高的评价。

杨晓波同志代表故宫博物院参加展会举办的推介会，介绍了故宫博物院的基本情况和文化产品研发情况，介绍了“故宫”“紫禁城”两枚国际注册商标。推介会之后台北“故宫博物院”文创行销处处长徐孝德来到故宫展厅参观，对故宫的文化产品给予很高的评价。

参展过程中展示了《紫禁城祥瑞》《韩熙载夜宴图》《胤禛美人图》《皇帝的一天》等4款app，并播放了《故宫100》视频和app宣传片，吸引了大量的参展人员驻足观看。参展团队对参展的文化产品进行了详细介绍，并以图片的形式展示了未能带去香港参展的部分优秀的文化产品，得到各大媒体的广泛关注，起到了较好的宣传作用。《人民日报》《北京商报》《第一财经日报》《两岸文创志》《星岛日报》《头条日报》《明报》《南华早报》等媒体对故宫博物院的参展情况进行了专题报道。为期三天的展览中，有意向的合作企业纷纷到故宫博物院展位洽谈，部分企业表达了与故宫博物院进行深入交流、建立合作关系、共同发展、双赢互利的愿望。

杨晓波处长推介故宫文创产品

品牌授权能够推动故宫博物院的事业发展。香港地区的品牌授权已经与国际接轨，参加香港国际授权展，对开展故宫博物院的品牌授权、推动事业发展具有一定促进作用。此次授权展增加了故宫博物院与授权行业企业单位的交流，让故宫人了解了很多授权行业信息和其他企业授权的一些情况，对于文化产品设计和品牌的宣传推广有了更深刻的理解。

2016 年 1 月 9 日至 14 日，在第一次参加香港国际授权展的经验基础上，故宫博物院携 2015 年新研发的文创产品，再次赴香港参加2016年香港国际授权展。参展的展品包括《胤禛十二美人图》、海水江崖、如意琉璃、齐梅祝寿大凤和神骏 5 个系列，共计 138 款文创产品。参展过程中，故宫文创产品受到了各大媒体的关注。中国网、新华社香港分社、《羊城晚报》等知名媒体都对故宫博物院的参展活动进行了采访和报道。香港贸发局网站广播站、香港智富杂志等媒体就故宫文创产品研发、团队组成、宣传推广等多方面的问题，进行了深入采访。很多授权企业代表表示希望与故宫博物院建立联系并谋求合作。

与 2015 年相比，故宫博物院减少了

台北“故宫博物院”徐孝德处长参观展厅

2015 年香港国际授权展开幕仪式

参展文创产品数量，同时通过选择极具创意性和实用性的系列化文创产品，大幅提升了参展产品的质量，成功吸引了更多的参展商来到故宫展区参观，70 余家企业来馆交流了合作意向，香港特别行政区政府投资推广署、香港历史博物馆、香港国际文化创意产业博览会组委会、商务印书馆（香港）有限公司、迪士尼合作方上海奇妙世界品牌管理有限公司以及从事西班牙展览和欧洲授权的施乐高环球有限公司、墨兰艺品印务（香港）有限公司等机构和企业的代表与故宫博物院进行了合作意向洽谈。

香港国际授权展的国际展会平台对于故宫博物院拓展授权渠道、更好地宣传故宫文创品牌、谋求与国际品牌的实质合作都具有积极意义。两次参加香港国际授权展使故宫博物院更加了解国际性授权工作，授权企业的成功经验也使故宫博物院以全新的视角看待和理解故宫博物院的品牌发展和无形资产授权，为日后开展品牌授权和参与更多国际性的展览积累了经验。

2017 年 1 月 9 日至 11 日，故宫博物院第三次参加香港国际授权展。国家文化部港澳台办副主任李健钢、香港贸易发展局署理总裁周启良、香港贸易发展局副总裁叶泽恩等出席了启动仪式。中国内地馆的开幕仪式上，文化部领导、贸发局领导、协办单位代表、承办方代表组成的开幕式嘉宾共同为开幕式剪彩。除故宫博物院外，还有广东省博物馆、成都博物院、深圳博物馆、孙中山故居纪念馆、金沙遗址博物馆、成都杜甫草堂博物馆、成都华珍藏羌文化博物馆等一批国家级、省、市优秀文博机构参展。

此次故宫博物院展区共展示了 155 种 200 余件文创产品，这些产品以其丰富的故宫文化内涵、独特的产品设计、优质的产品质量受到了莅临展位领导及各大授权机构的广泛关注及高度赞赏，并在现场参展观众中引起了不小的轰动。国家文化部港澳台办副主任李健钢、香港贸易发展局副总裁叶泽恩等莅临故宫展区，在仔细聆听相关产品介绍后，对故宫博物院文创的产品研发成果给予了高度的评价，对故宫文创的发展寄予厚望，并预祝故宫博物院在此次授权展上取得良好的成果。

参展人员合影

2016 年香港国际授权展开幕式

杨晓波处长介绍文创产品

中国内地馆开幕后，又举办了中国文博知识产权交易平台入驻及签约仪式，仪式上宣布中国文博知识产权交易平台正式上线，故宫博物院、中国国家博物馆、敦煌研究院、广东省博物馆等机构领导上台，共同签约入驻中国文博知识产权交易平台。同时，平台还与百度、国文易等机构签署合作协议。

为了进一步构建内地文博机构与国际机构交流、学习授权经验的平台，香港贸发局特为中国内地文博机构组织了文博授权专场圆桌会议，并特别邀请冯辉主任分享了故宫文创的研发与探索。与会嘉宾纷纷表示很受启发、获益良多，特别是对故宫文创既有丰富的文化内涵又能满足广大普通消费者的文化需求的设计理念深表赞同，更为故宫博物院以传播中华优秀传统文化为己任、开拓进取、与时俱进的精神所感动。

授权展期间，故宫展位上寻求合作的中外企业络绎不绝，其中有阿狸梦之城堡、深圳卷卷有限公司等。故宫参展人员也前往各个授权商展位学习讨论，交流相关的授权成功经验，寻求可合作的创新授权模式，同时对动漫展区进行了调研，重点了解了国际流行文化创意产业。通过对各展位的参观和交流，参展人员在了解文创产业发展趋势的同时，也与一些国际知名的厂家和制作商、销售集团公司进行了商务洽谈，同时明确了自身的定位，为制订下一步工作计划提供了有益的参考。

二、参加美国国际品牌授权博览会

应美国国际品牌授权博览会国际授权业协会主席和组委会主席的邀请，2016年6月19日至25日，王亚民常务副院长率故宫博物院一行7人，赴美国参加了美国拉斯维加斯国际品牌授权博览会。

美国国际品牌授权博览会是世界上历史最悠久、规模最大、最具有影响力的品牌授权博览会，由美国最大的媒体展览集团之一阿凡达集团主办，每年6月在美国举办，迄今已举办超过31年。本次展会展场面积超过40 000平方米，共吸引了全球超过5000个品牌的500家参展企业，包括20世纪福克斯电影公司、华纳兄弟娱乐公司、梦工厂、探索频道、索尼国际、英国BBC传媒集团等世界知名的文化企业。其中21%的参展企业为美国本土以外的企业，来自90个国家和地区的21 000名世界顶尖零售商、经销商、制造商、代理商和品牌商等专业买家到场洽谈，约30%的专业买家来自美国以外的国家和地区，包含超过3000名已获授权的“被授权商／Licensee”。该展会的展览范围涵盖公司品牌、卡通、影视娱乐、运动时尚、服饰、出版、艺术设计、食品饮料、网络游戏等，并围绕全球授权行业的焦点问题举办讲座、酒会、发布会等形式多样的活动。

当地时间6月21日14时在故宫博物院展位举办了中国艺术文化授权交流会。杨晓波处长就故宫博物院的文创产品进行了推介。参展期间，故宫参展团队与美国国际品牌高级执行副总裁杰西卡·布鲁等人进行了会晤，双方就故宫博物院文创产品如何让北美广大消费者接受以及参展方式进行了深入的沟通。

故宫博物院参加美国国际品牌授权博览会也受到了国内外媒体的高度关注，人民网、中新网、中国经济网、中华人民共和国驻旧金山总领事馆文化快讯、《中国日报》（美国版）等10余家媒体竞相报道，都给予了高度评价和赞赏。

2016 美国国际品牌授权博览会故宫展位

故宫博物院常务副院长王亚民与美国国际品牌授权博览会高
级执行副总裁杰西卡・布鲁会晤

中国文化艺术授权分享会现场

参加此次展会使故宫博物院更加了解了国际性授权工作，也为今后参加同类国际授权展积累了经验，对于推进故宫文创产品研发、推广和品牌授权工作都具有积极意义。

由于2016年参加美国国际品牌授权博览会的良好效果，应国际品牌授权博览会组委会的邀请，2017年，故宫博物院参加了于当地时间5月23日至25日举办的2017年拉斯维加斯国际品牌授权博览会。本次展会的中国文化艺术授权主题展区以“互联网+中国文博授权”为主题，由国家对外文化贸易基地(上海)和中国文物交流中心承办，故宫博物院、敦煌研究院、上海博物馆等13家文博及文创单位共同参展。

本次博览会，故宫博物院携带了《十二美人图》、海水江崖、团扇、纸胶带、手机壳、御窑瓷器、珍宝庄严丝绸等9个系列129款文创产品参展。为了让文创产品完美地呈现在展位上，经过反复的讨论、试摆，最终使各件产品的展示达到了理想的展示效果。6台iPad pro也将《胤禛美人图》、清代皇帝服饰、

《皇帝的一天》等9款“故宫出品”的系列app呈现在了展会现场，静态的文创产品与可互动的数字文创联手走出国门，同步展出，为国际友人提供了一次全感官、多层次的文创体验。

博览会于当地时间5月23日上午9点正式拉开帷幕。组委会高级副总裁杰西卡·布鲁女士来到了故宫博物院展位，对故宫文创产品的丰富性与精致程度表达了赞叹，她还对数字创意产品表示了浓厚的兴趣，尤其是专为孩子们开发的《皇帝的一天》app，她详细咨询了该创意策划的相关内容。当天，10余位不同领域的参展商、律师也来到展位进行沟通洽谈。

当地时间5月24日上午，中国驻旧金山总领事馆领事王书羽、文化参赞肖夏勇，国际授权业协会（LIMA）主席查尔斯·里奥托、博览会主办方高级副总裁杰西卡·布鲁等嘉宾莅临故宫博物院展位。肖参赞对故宫博物院此次参展在展位设计、展品选择、展示手段的多样化和商谈成果方面的进步表示了充分的肯定。查尔斯·里奥托被故宫文化深深吸引，称赞故宫文创产品设计精美，并且运用现代手段向世界展示博大精深的中国文化，相信将吸引更多的来自世界各地业界人士的关注。

三、参加德国法兰克福国际纸制品及办公用品世界展览会

2017年1月25日至2月4日，故宫博物院精心挑选宫门箱包、手机壳、铅笔、橡皮、胶带、书签、便笺纸、文件夹、明信片、红包、钥匙链、笔记本、故宫娃娃、行李牌、故宫猫、《十二美人》挂绳等16个系列，共计239件（套）故宫文创产品参加了2017年法兰克福国际纸制品及办公用品世界展览会的东方文化元素展。法兰克福国际纸制品及办公用品世界展览会是国际纸制品、文具和文化行业内首屈一指的国际性贸易展览会。故宫博物院展位处于5号展馆的“东方文化元素”展区。该展区以“中国文博创意”为主题，立足中国传统文化元素，旨在加强中国文博单位文创产品的品牌意识，通过搭建国际推广平台，向全世界展示中国文博单位在文化创意产品研发工作上取得的新成果，让中国文博品牌和创意产品走向世界。

故宫博物院胶带、笔记本、红包、手机壳等文创产品，以极具故宫文化特色的创意设计理念吸引了大批嘉宾、参展商和观众。参展同志热情地向他们介绍故宫文创产品，说明其所蕴含的故宫

参展人员合影

德国法兰克福国际纸制品及办公用品世界展览会故宫展位（一）

德国法兰克福国际纸制品及办公用品世界展览会故宫展位（二）

德国法兰克福国际纸制品及办公用品世界展览会故宫展位（三）

德国法兰克福国际纸制品及办公用品世界展览会故宫展位（四）

文化元素，阐释了传统与现代相结合的当代中国生活理念，展现了故宫人致力于将中华优秀传统文化传播到全世界的崇高情怀。1月29日至31日，参加了展览组委会组织的2017至2018全球办公用品及设计趋势发布会。

在赴法兰克福参展过程中，工作组全体成员严格执行相关外事规定，从着装、礼仪等细节入手，很好地向国际友人展现了故宫人积极向上的精神风貌和踏实肯干的工作作风。

工作组对法兰克福展会上展出的纸制品类和办公用品类产品，有目标、有针对性地进行了参观。故宫同类的文创产品，在创意设计方面，依托底蕴深厚的故宫文化，已经达到了很高的水准，并得到了国际同行认可，这是故宫博物院已经获得的成绩，未来面临如何让中国优秀传统文化进一步走出国门，并产生更好的国际影响；如何吸纳社会力量参与到博物馆事业发展中，在社会效益和经济效益两方面取得双赢，以便更好地履行自身的社会责任等，对于这些问题，故宫人在国际交流中也获得一些有益的经验和借鉴。

四、参加第五十七届意大利威尼斯艺术双年展中国官方主题平行展“记忆与当代”

2017年5月9日至13日，故宫博物院参加了第五十七届威尼斯艺术双年展中国官方主题平行展“记忆与当代”。

意大利威尼斯艺术双年展是一个拥有上百年历史的艺术节，是欧洲最重要的艺术活动之一。本次“记忆与当代”平行展由故宫博物院主办，故宫博物院常务副院长王亚民同志等7人担任联合策展人。展会集中展示出徐冰、隋建国、谷文达等18位中国著名当代艺术家及5位意大利时尚设计大师以故宫博物院院藏文物为创作灵感和素材进行的当代艺术创作和时尚生活品设计。

本次展览分为“记忆”和“当代”两部分。“记忆”部分单独设计体现，全面展现以故宫为代表的中国艺术收藏，展现故宫的辉煌和故宫对于中国文化的影响力，将故宫的文化、建筑、藏品用多媒体影像手段在一个独特的空间下全方位、立体、系统地展示出来。观众挤满了播放故宫四季影像的通道，一时间

法兰克福国际纸制品及办公用品世界博览会现场洽谈

第五十七届意大利威尼斯艺术双年展中国官方主题平行展“记忆与当代”开幕式

第五十七届意大利威尼斯艺术双年展中国官方主题平行展“记忆与当代”

人头攒动，赞誉不断。“当代”部分是反映中国当代艺术品的展陈，汇集了18位艺术家的作品，他们的创作都是来源于对中国本土文化的解读，是对中国记忆的解构与再创新。

在开幕式上，杨晓波同志宣读了单霁翔院长的开幕致辞，中方策展人、故宫博物院常务副院长王亚民同志也发来祝贺视频。组委会现场为承办单位颁奖，以奖励他们对中国文化与世界文化相交融所做出的积极贡献。

本次展览的联合策展人之一，意大利文化部高级顾问大卫·拉佩罗和本次展览的设计师之一乔凡诺尼在结束了各自的展览工作后，按计划与故宫参展团队进行了会谈。冯辉主任向他介绍了故宫的热销文创产品——故宫娃娃，并展示了故宫娃娃的系列照片。双方就合作设计的事宜进行了交流。

另外，2017年，故宫博物院参加了文化部组织的欧洲巡展、北京市文资办组织的芬兰 – 中国文化交流活动。国内展览配合东城区政府参与了东城区老干部活动中心组织的义卖活动；参加了8月在北京举办的国际图书博览会；配合修缮技艺部参加了中华传统建筑文化博览会等。

第六章

营销推广及交流

第一节　故宫商店

2006年，故宫博物院开展了经营网点规划项目的招标工作，依据文化产业发展的需要和对来院参观游客的综合调查，制定出了科学合理的经营网点规划方案。2007年4月完成了《故宫博物院经营网点布局研究报告》，并广泛征求意见。为进一步规范服务，网点店面匾额统一采用乾隆字体，设计了各类经营服务性标牌及经营人员工作服装。经营网点规划招标工作的开展，合理利用、充分发挥了故宫博物院的资源优势，树立了良好的公众形象，全面提高了经营网点的服务水平与质量，为观众提供了舒适的参观环境，同时为2008年北京的“人文奥运”提供优质服务奠定了良好的基础。

2008年，为迎接北京奥运会，完成奥运接待任务，故宫博物院着力提高整体经营服务水平，改造店容、店貌，先后对位育斋、景运门南侧、太和门西侧倒座、午门右掖门及午门贵宾接待室等处的店面柜架进行了全面的装修更新，将原封闭式经营的东长房全部亮出；武英门经营点在改变经营方式的基础上，重新做了装修，既提升了服务水准，又克服了原来经营上的弊端。至奥运前夕，全院大部分经营场所均得到了改造与更新。与此同时还完成了营业员工装的设计工作，在五一节黄金周前，营业员整体形象焕然一新；对全体员工进行礼仪培训、手语培训及相关技能培训，并邀请天安门工商局做有关《消费者权益保护法》的相关内容的讲解；在天安门公安分局及驻院派出所的协助下，做好“平安奥运”的各项工作。经过大家的共同努力，圆满完成了奥运的接待任务。

2012年，为了合理区分各合作经营单位的名称、位置，使各经营店面牌匾具有较好的识别性和统一性，故宫博物院委托清华大学美术学院平面设计系统研究所团队为故宫商店、故宫餐厅、故宫食品店、故宫御茶房、故宫书店五种类别的牌匾进行了整体设计。牌匾内容包含中英文两种语言标识，并通过阿拉伯数字体现出店面牌匾识别的唯一性。随后，根据设计方案，制作了新的牌匾，并对院内各经营店面的牌匾进行了更换。

2014年，故宫博物院对经营状况及环境应改善的9家合作经营单位的经营场地予以撤销，拆除神武门外东围房、景运门南侧和隆宗门南侧三处临时建筑。

故宫商店（降雪轩）（一）

故宫商店（降雪轩）（二）

故宫商店（降雪轩）（三）

配合御花园环境整治，调整了御花园经营场地的经营范围，对御花园经营场地进行重新设计改造，提升店内形象，停止销售定型包装食品和饮品，改为销售具有故宫元素的文创产品。

第二节 故宫博物院文化创意体验馆

2015年3月至9月，为提升服务水平，改善文创产品展示和销售环境，故宫博物院对神武门内东长房故宫商店进行升级改造，打造了故宫文化创意体验馆。

文化创意体验馆作为故宫博物院的最后一个展厅，其展示和销售的所有文创产品，都是研发人员在挖掘和利用故宫文化资源基础上，经过创新设计，融合历史性、知识性、艺术性、趣味性、时尚性和实用性，推出的富含故宫元素的文化创意精品。文化创意体验馆分为丝绸馆、服饰馆、御窑馆、影像馆、铜器馆、木艺馆、陶瓷馆和紫禁书院等八间展馆，展销的文创产品种类丰富、档次齐全，能够满足观众的多种需求。观众驻足故宫文创体验馆，可以欣赏到故宫元素鲜明的丝绸产品、古典与时尚相

丝绸馆（一）

丝绸馆（二）

服饰馆

御窑馆

铜器馆

木艺馆

花器
Flower pot

陶瓷馆

紫禁书院

结合的中式服装、《石渠宝笈》相关的精品书画、皇家气息浓厚的红木家具、明清宫廷风格的茶器，等等。

故宫文化创意体验馆在 9 月 28 日 19 时正式开馆，单霁翔院长作了《故宫博物院——公共文化空间再设计》的演讲，举办了《故宫服饰》app 新闻发布会，走了一场经典的故宫服装秀，各大媒体争先报道，社会反响强烈。故宫文创创意体验馆开馆后，各级博物馆和文博单位纷纷前来调研和参观。前来参观的观众对故宫文化创意体验馆给予好评，故宫文化创意体验馆内的文创产品销量迅速提高。

第三节　餐饮服务

2006 年，根据院长办公会决议，观众快餐纳入经营范围，对观众快餐网点进行招标。为公开、公正、透明地做好故宫博物院观众快餐网点项目的招标工作，故宫博物院成立了由 15 个部门负责人组成的观众快餐网点招标工作小组，制定了观众快餐网点招标工作方案。先后有 19 家企业电话报名参与竞标。在规定时间内共收到了 16 家企业送达的资格预审表和相关证明文件。纪检、监察、审计人员对报名企业进行了资格预审，

观众快餐点

最终有8家企业通过了资格预审。11月27日，6家及时缴纳投标保证金的投标单位参加了观众快餐网点开标会议。评标人根据评分标准，从企业资信、项目方案及说明、保障措施和投标方案报价等四个主要方面，对6家企业的投标书进行了评比打分。11月29日，评标人、纪检、监察、审计等部门有关人员按照得分高低顺序依次对排名前三名的企业进行了实地考察。根据评标得分和实地考察，评标人一致评定希杰多乐之日（北京）食品有限公司为故宫博物院观众快餐网点招标项目中标企业，并报请院领导审定。2007年7月27日，观众快餐厅正式营业，为来参观故宫的观众提供了较舒适的休息环境。

2015年，取消隆宗门、锡庆门、前星门3处原有观众快餐网点，在景运门观众快餐原址上进行改造。改造后的故宫餐厅，环境整洁舒适，观众就餐的体验感得到提升。

2015年，故宫博物院对经营网点布局进行重新规划，增加观众活动的空间，同时调整观众服务区域设置，提升服务水平，让观众更有尊严地休息。对坤宁门外东值房、位育斋、养心门外东群房及后左、后右门几处故宫商店进行提升、重建和改造。优化场地经营，将院内经营场所划分为四大服务区：端门服务区域、冰窖服务区改造工程、坤宁宫－御花园服务区域、神武门外东西长廊服务区。2017年，端门服务区、冰窖服务区、坤宁宫－御花园服务区建设完成并投入使用。为了加强对院内合作单位的管理，故宫博物院派出驻店经理进驻合作单位店面，并拟定了合作单位合同分级制度：研发能力强、产品质量优异的单位，签订一级合同，在政策上给予一定的优惠；合作时间长，产品质量及销量均保持优异的单位，签订二级合同；新加入的合作伙伴，签订三级合同。每个合同周期结束前，结合产品研发、销量、管理、服务等方面的情况对各合作单位进行整体评估，并升降合同级别，以此提升院内商店的服务质量和经营水平。

冰窖服务区餐厅于2017年4月18日正式对外营业，可容纳大约150人同时就餐。餐厅同时开设咖啡厅，提供简餐、旅游纪念品、书籍销售和书籍阅览服务。

第四节　院外故宫商店和线上销售

故宫博物院在南京博物院、清东陵、

冰窖餐厅（一）

冰窖餐厅（二）

冰窖餐厅书店区域（一）

咖啡 / CAFE

冰窖餐厅书店区域（二）

冰窖餐厅外景

伪满皇宫博物院、故宫鼓浪屿外国文物馆、山西平遥、北京工美集团、北京图书大厦亚运村分店、国贸商城等均开设了故宫商店，销售故宫文创产品。

故宫博物院的文创产品销售经过多年实践与摸索，探索出线上与线下融合、传统与创新并举的符合自身实际的发展模式。故宫淘宝创立于2012年，主营Q版故宫文创产品，自投入运营以来推出了故宫娃娃等众多广受公众喜爱的年轻化文创产品。2014年，故宫博物院开通了微信和微博公众号，借助新媒体的力量，进行适当宣传。同时，开始运营线上销售体系故宫商城和京东旗舰店。

故宫博物院2015年上线了故宫微店，精选了50多件文创产品和图书，首次将故宫的精品文创带到了大众面前。故宫微店的建设突出了其社交化的特色，并通过微信的粉丝互动、征集投票让大众参与到故宫文创产品的开发中来。

2016年6月29号，故宫博物院和阿里巴巴集团签署战略合作，故宫博物院官方旗舰店在天猫平台上线。经过一年的努力和调整，故宫文创从最初上线的80种产品增加到450种产品，粉丝突破60万人。2017年单日销售突破600万元，全年销售3800万元，粉丝突破90万人。故宫博物院官方旗舰店倡导“紫禁城生活美学”，销售的系列文创产品较为全面地反映了故宫从事博物馆文创的综合风貌，展示了故宫文创的多面性，并着力打造更为精致的文化礼品、创意生活用品、设计产品等，让传统美学以新的表现形式融入当代生活。

第五节　故宫博物院文创交流

一、国内博物馆参观交流

2006年起，故宫博物院积极开展学习、调研工作。赴台北“故宫博物院”就博物馆的形象推广和广告宣传、文化产品的历史文化与现代社会结合、文化产品的研发与文化品牌的建立、文化产品的授权经营、图书的出版与发行、博物馆文化产业机构的设置和人员激励机制等问题进行了座谈；赴上海博物馆就博物馆的经营理念、管理策略和管理方式以及当前国内博物馆经营活动中亟待解决的一些问题进行了探讨；对首都博物馆新馆文化产业化发展进行实地调研，参观了该馆的文化商品店，与经营管理人员探讨了关于博物馆商店的经营理念、人员管理的办法以及文化产品的开发、引进及销售等相关问题；赴江西省调研，就故宫与江西省合作开展文化项目的可行性进行了探讨。

2012年3月，故宫博物院参加了四川省文物管理局主办，四川省博物院承办的四川文博产业发展论坛。3月28日，杨晓波同志在会上作了《关于博物馆文化产品研发的探讨》的发言，从文化产品研发调研、自主创新、合作研发、品牌建设等四个方面论述了如何研发博物馆文化产品，随后介绍了故宫文化产品研发的情况，并与参会人员进行了互动交流，最后分享了文化产品研发工作中的几点体会。发言内容得到大家的认可，给与会者很多启示。

2012年10月16日至22日，为了更好地拓宽经营管理的工作思路，探索适合于自身发展的文化产业道路，故宫博物院调研组前往河南省安阳市、开封市、郑州市、洛阳市、南阳市等地的博物馆和文物保护单位进行调研。此次调研在河南省文物局及各博物馆领导的大力协助下，以交流座谈、实地考察等形式展开。调研组就文化产业的相关问题与河南博物院、中国文字博物馆、洛阳博物馆等单位进行了深入交流，对开展故宫博物院文化产品研发、经营管理工作有较大的促进作用。

2012 年 10 月，杨晓波同志代表故宫博物院应福建省文化厅和福建省博物院的邀请，参加了第五届海峡两岸（厦门）文博会博物馆创意产业高端论坛，并在会上作了《故宫博物院文化产品研发》的主旨发言，围绕故宫博物院如何为观众提供服务、实现博物馆职能进行了阐述。发言得到与会者的一致认同，尤其是中国台湾史前文化博物馆馆长张善楠、台湾历史博物馆主任秘书徐天福对杨晓波同志的发言表示高度赞赏。

2014 年 1 月，故宫博物院相关人员赴中国文化遗产研究院进行调研，就该院所属企业北京国文琰文物保护发展有限公司的经营管理模式和文化产品研发情况进行了座谈。

另外，为进一步推动故宫文创产品研发工作，故宫博物院相关人员先后赴国家博物馆、上海博物馆、南京博物院、首都博物馆、陕西历史博物馆、江西省博物馆、湖北省博物馆、四川省成都武侯祠博物馆、南京市博物馆、秦兵马俑博物馆、成都金沙遗址博物馆、重庆市三峡博物馆、重庆大足石刻艺术博物馆、延安纪念馆、法门寺、清凉山、宝塔山、杨家岭、王家坪、乾陵等文博单位调研。

赴丹麦调研

上海博物馆、四川金沙遗址博物馆、台北“故宫博物院”的文创产品研发经验为故宫博物院早期的文创产品研发工作带来了很大启发。

二、国际博物馆参观交流

2006 年以来，故宫博物院文创产品研发团队分别到美国、法国、英国、丹麦、意大利、比利时、德国、澳大利亚、新西兰等国家的博物馆进行学习交流，学习文创产品研发和销售的有益经验。

三、文博单位来院交流学习

故宫博物院先后接待了中共中央宣传部、中共中央对外联络部、中央党校、国务院、外交部、财政部、农业部、文化部、国家文物局、九三学社、《求是》杂志社、北京 2022 年冬奥会和冬残奥会组织委员会、中央电视台、湖南省人大、中共西安市委、成都市政府、黄山市政府、深圳市政协、四川省文化厅、安徽省文化厅、海南省文化厅、香港特别行政区康乐及文化事务署、中央民族干部学院、成都市文物系统考察团、黑龙江省文物局、厦门文物局、鼓浪屿管委会、国家博物馆、文化部恭王府博物馆、中国儿童艺术剧院、上海博物馆、南京博物院、湖南博物馆、浙江博物馆、四川博物院、西藏布达拉宫、首都博物馆、中国儿童艺术剧院、中国民族博物馆、圆明园、陕西历史博物馆、山西乔家大院、良渚文化博物馆、劳动人民文化宫、元中都博物馆、上海鲁迅纪念馆、澳门艺术博物馆、清华大学、中国美术学院、北京林业大学、北京联合大学、中国航空集团公司、国家电网公司、中国机械国际合作有限公司、北京首都国际机场股份有限公司、中国移动、中国印钞造币总公司、柬埔寨旅游部旅游产业司、立陶宛驻华大使馆、爱尔兰驻华大使馆、乌克兰驻华大使馆、马耳他驻华大使馆、大英博物馆、韩国国立博物馆、格鲁吉亚国家博物馆、环球健康与教育基金会、皇家加勒比游轮船务（中国）有限公司等单位来院调研，就博物馆经营管理、文化产品研发等内容进行了探讨和交流。故宫博物院平均每年接待超过 200 个调研团队。

第六节　全国博物馆文创产品艺术设计人才培养项目

为了落实文化部、国家发展改革委、财政部、国家文物局下发的《关于推动文化文物单位文化创意产品开发的若干意见》，2016 年，故宫博物院向国家艺术基金管理中心申请了 2016 年度艺术人才资助培养项目，并与艺术基金管理中心签订了《国家艺术基金项目资助协议书》。根据协议书约定，国家艺术基金管理中心提供资助经费，由故宫博物院主办项目。该项目是将艺术设计和文创产品经营管理相结合，以培养文创产品研发人才为目的，为博物馆单位培养具有文创产品设计研发、营销推广以及掌握国内文创产品新发展、新趋势和新特点，具有体系化知识结构的复合型研发与营销人才。为了保证培训效果，使入选的学员在此次培训中有更大的收获，故宫博物院将报名范围严格限定在博物馆文创产品设计研发相关人员，并在全国博物馆范围内发布了招生简章。

经过严格筛选，该项目在全国范围

专家授课

学员合影

内招收了32名博物馆文创产品设计研发人员，于2017年11月5日至12月20日在紫禁书院深圳市盐田分院进行了集中培训。培训采取集中授课、互动交流和观摩学习相结合的方式，注重专业知识与实践创作的统一，并以呈现与学员所在博物馆相关的文创产品作品作为培训结业考核依据。

课程设置上，项目围绕文化创意产品的包装设计、博物馆商店的装修设计、文创产品创新思维、文创产品研发与推广、文创产品营销与品牌文化、知识产权保护与法律风险规避、政策趋势与文创产品研究、博物馆单位实例讲析、发展战略与文创商业模式等内容开展培训。培训邀请了国内知名设计师和艺术设计院校的优秀教师进行授课，并辅导完成结业作业。为了将理论学习和实践相结合，该项目还为学员们安排了为期10天的实践活动，赴文创产品加工厂进行实地参观、考察和实习。

课程结束后，故宫博物院协助学员联系加工厂，对部分优秀设计作品进行打样。2017年12月20日，全国博物馆

学员作品（一）

的傳統與民俗文化注入深圳。它讓
的互動。它發動市民回到
拓展了深圳的人文視
民深圳有根可尋

学员作品（二）

学员作品（三）

文创产品艺术设计人才培训班在紫禁书院深圳市盐田分院举办了结业仪式及学员设计作品成果展。展览展出了近30件学员设计作品。展览过程中，指导教师对学员设计作品的展示和讲解进行统一指导，提升了学员们的实践技能。故宫博物院经营管理处杨晓波处长、刘松林副处长出席了结业仪式，并为优秀学员颁奖。

后 记

文化创新的关键在于对优秀的传统文化的传承和挖掘，同时还在于专家学者和文化工作者的努力。故宫博物院的文创工作，经历了从“文化产品开发”到“文创产品研发”的发展过程。故宫博物院从文化产品开发到文创产品研发的转变，体现了故宫人在文化创新道路上的提升与进步；产品研发的方向从旅游纪念品和文物仿制类产品逐步转变为具有实用性、创新性、文化性、艺术性、环保性的文化创意类产品，体现了故宫博物院对社会需求的认知和重视。截至2017年底，故宫博物院研发的文创产品总数超过了1万种。

为了通过文创产品传播故宫文化，更好地为观众提供服务，实现博物馆宣传教育的职能，故宫博物院近年来不断提升经营服务环境和销售手段。

在推进故宫文创产品和服务的同时，故宫博物院创建和培养了具备综合能力的品牌建设团队，成功打造了属于自己的品牌，获得了广泛的社会认可，提升了品牌信誉和品牌认知度。为了推广故宫文创品牌，故宫博物院加大力度进行国内和国际的品牌推广，同时举办与优秀传统文化或宫廷文化相关的艺术设计大赛和培训等文化活动，扩大了故宫博物院的品牌影响。

故宫博物院未来的文创工作任重而道远，将在提升满足公众需求的能力和水平等方面继续推进，加大故宫文化发掘和利用的深度和广度，增加研发更加符合观众需求的创新性产品，品牌推广的重心也将由国内逐步转变至国际平台，全面提升故宫博物院品牌影响力。